ÁRTEMIS E HIPÓLITO

**Coleção Reflexões Junguianas**
*Assessoria*: Dr. Walter Boechat

- *Puer-senex – Dinâmicas relacionais*
  Dulcinéia da Mata Ribeiro Monteiro (org.)
- *A mitopoese da psique – Mito e individuação*
  Walter Boechat
- *Paranoia*
  James Hillman
- *Suicídio e alma*
  James Hillman
- *Corpo e individuação*
  Elisabeth Zimmermann (org.)
- *O irmão: psicologia do arquétipo fraterno*
  Gustavo Barcellos
- *As emoções no processo psicoterapêutico*
  Rafael López-Pedraza
- *Viver a vida não vivida – A arte de lidar com sonhos não realizados e cumprir o seu propósito na segunda metade da vida*
  Robert A. Johnson e Jerry M. Ruhl
- *O feminino nos contos de fadas*
  Marie-Luise von Franz
- *Re-vendo a psicologia*
  James Hillman
- *Sonhos – A linguagem enigmática do inconsciente*
  Verena Kast
- *Sobre Eros e Psiquê – Um conto de Apuleio*
  Rafael López-Pedraza
- *Introdução à Psicologia de C.G. Jung*
  Wolfgang Roth
- *O encontro analítico – Transferência e relacionamento humano*
  Mario Jacoby
- *O amor nos contos de fadas – O anseio pelo outro*
  Verena Kast
- *Psicologia alquímica*
  James Hillman
- *A criança divina – Uma introdução à essência da mitologia*
  C.G. Jung e Karl Kerényi
- *Sonhos – Um estudo dos sonhos de Jung, Descartes, Sócrates e outras figuras históricas*
  Marie-Louise von Franz
- *O livro grego de Jó – Qual o interesse de Deus no sofrimento do homem?*
  Antonio Aranha
- *Ártemis e Hipólito – Mito e tragédia*
  Rafael López-Pedraza

**Dados Internacionais de Catalogação na Publicação (CIP)**
**(Câmara Brasileira do Livro, SP, Brasil)**

López-Pedraza, Rafael
  Ártemis e Hipólito : mito e tragédia / Rafael López-Pedraza ; tradução de Roberto Cirani. - Petrópolis, RJ : Vozes, 2012. - (Coleção Reflexões Junguianas)
  Título original : Ártemis y Hipólito
  Bibliografia
  ISBN 978-85-326-4339-1
  1. Ártemis (divindade grega) 2. Hipólito
  3. Deuses - Mitologia 4. Mito 5. Mitologia grega
  6. Psicologia junguiana 7. Tragédia I. Título.
  II. Série.

12-01343                                                                           CDD-150.1

Índices para catálogo sistemático:
1. Mitologia grega : Psicologia junguiana      150.1

**Rafael López-Pedraza**

# ÁRTEMIS E HIPÓLITO
**Mito e tragédia**

Tradução de Roberto Cirani

Petrópolis

© Rafael López-Pedraza

Direitos de publicação em língua portuguesa:
2012, Editora Vozes Ltda.
Rua Frei Luís, 100
25689-900 Petrópolis, RJ
Internet: http://www.vozes.com.br
Brasil

Todos os direitos reservados. Nenhuma parte desta obra poderá ser reproduzida ou transmitida por qualquer forma e/ou quaisquer meios (eletrônico ou mecânico, incluindo fotocópia e gravação) ou arquivada em qualquer sistema ou banco de dados sem permissão escrita da editora.

**Diretor editorial**
Frei Antônio Moser

**Editores**
Aline dos Santos Carneiro
José Maria da Silva
Lídio Peretti
Marilac Loraine Oleniki

**Secretário executivo**
João Batista Kreuch

*Editoração*: Fernando Sergio Olivetti da Rocha
*Projeto gráfico*: Sheilandre Desenv. Gráfico
*Capa*: Omar Santos

ISBN 978-85-326-4339-1

Editado conforme o novo acordo ortográfico.

Este livro foi composto e impresso pela Editora Vozes Ltda.

Meus agradecimentos à Socsal,
na pessoa de Mireya Vargas,
por sua ajuda nesta publicação.

# Sumário

*Prólogo*, 9
1 Ártemis, 13
2 Hipólito, 67
*Referências*, 97

# Prólogo

Durante o tempo em que estive na Escola de Letras da Universidade Central de Venezuela ministrei uns seminários sobre Ártemis e a tragédia de Eurípides, *Hipólito*, que tiveram uma boa aceitação, já que o tema central deles – o virginal na natureza humana – era novidade para a maioria dos espectadores.

Do volumoso material produzido graças à colaboração do auditório, atrevi-me a produzir esta publicação que, além do esforço, envolve uma grande emoção. Muito da riqueza e espontaneidade dos seminários tive que deixar fora, já que isso é impossível transferir para um escrito dirigido a um leitor moderno que, pelas demandas dos tempos atuais, agradece a brevidade.

Este escrito divide-se em duas partes: a primeira está dedicada à deusa Ártemis, que no catálogo de imagens pagãs personifica o virginal da natureza interna do ser humano, assim como da externa. Parece-me que este tema tem muita importância no mundo de hoje, no qual temos presenciado o grande salto adiante da mulher, para mim, possivelmente o único grande evento na história moderna. Parece-me que Ártemis ocupa um lugar muito importante nesse salto.

Minha intenção é apresentar nesta primeira parte aspectos da mulher em si mesma que usualmente se ocultam ao vê-la apenas na relação com o homem. E considero importante discutir isto em vista da independência que logrou a mulher nos vários aspectos da vida.

O que predomina nesta seção é o mito, o qual, estou seguro, ajudar-nos-á a refletir em aspectos da cotidianidade da mulher. O mito vai nos permitir mencionar estratos muito profundos da alma humana e propiciará a metáfora, as aproximações indiretas ao que estamos tratando. A este respeito me parece oportuno citar E.H. Gombrich, que, em seu livro póstumo *The Preference for the Primitive*, refere-se ao *Museé imaginaire* de André Malraux e a sua noção de mito:

> Malraux soube com precisão o que estava fazendo. Deliberadamente substituiu o passado por aquilo que chama "mito". E inclusive foi mais longe: sustentou que talvez o *mito* seja tudo o que podemos conhecer do passado. [...] Não devemos interpretar o termo mito, usado por Malraux, como se significasse simplesmente algo que não é verdadeiro. [...] O mito está mais perto do mistério e do misticismo e aponta para uma verdade tão profunda que é inacessível ao mero discurso racional[1] (GOMBRICH, 2002: 233).

Baseando-se nessas linhas podemos dizer que o mito, além de nos dar uma visão profunda do que abordamos, pode propiciar a vivência da imagem como fonte de conhecimento psíquico, evitando as interpretações – sempre carregadas de projeções –, assim como sua superficialidade, reducionismo e confusão.

A segunda parte desse escrito se baseia na tragédia *Hipólito*, de Eurípides. *Hipólito* nos oferece, desde a poesia trágica, isto é, desde o âmbito de Dioniso, até a visão mais completa de um filho

---

**1.** Muitos dos textos referidos são traduções *ad hoc* das obras em inglês utilizadas pelo autor.

arquetípico de Ártemis produzida pela cultura Ocidental. Trata-se de uma tragédia cujo assunto é mítico e que produz a reflexão característica do teatro trágico. Para mim o dionisíaco pertence ao instinto de reflexão, e a tragédia nos permite ver, desde sua perspectiva, a dimensão que pertence à consciência trágica, como a força de um destino (uma vida em sua totalidade).

Tanto na primeira parte, a mítica, quanto na segunda, a trágica, permiti-me trazer assuntos colaterais que me parecem relevantes. Espero que estas digressões nutram a temática que exponho.

Essencialmente, se na primeira parte trato de introduzir o estudo da natureza virginal, na segunda, além de expor a retórica deste arquétipo desde os extremos que nos apresenta Eurípides, trato de dar a ele a importância que tem como oposição excludente na natureza humana do carnal e do virginal; algo que, como veremos, acarreta um conflito arquetípico que a todos nos toca de infinitas maneiras.

# 1 Ártemis

O salto da mulher ao primeiro plano no século XX, em todo o gênero de atividades e trabalho, é uma realidade histórica inegável. Mais evidente ainda se olharmos para trás, no tempo em que desempenhou um papel totalmente passivo. A condição da mulher no mundo mudou repentinamente, e este acontecimento demanda reflexão.

Costuma-se assumir que a mulher foi conduzida neste processo por forças históricas inevitáveis, porém isso não significa que não tratemos de alcançar certa consciência do assunto. Nem sequer as próprias mulheres sabem muito sobre suas possibilidades atuais e muito menos ainda sobre seu destino histórico. Por isso, sinto que o tema é de grande interesse para nossos estudos: conscientes da imensidão que temos à frente, podemos nos aproximar cautelosamente de complexidades que resistem a qualquer redução.

O despertar da mulher na história recente é tão dramático que só podemos aspirar sermos mais tolerantes com as diversas maneiras que se tem estudado este aparecimento. Sinto que quase todos os escritos sobre o tema oferecem informações, opiniões e estatísticas que, mais do que nos aproximar da compreensão do fenômeno, refletem sua importância e, no geral, evidenciam que existem complexidades muito inconscientes em jogo. Na sua maioria, estes estudos costumam se referir à condição da mulher, a seus direitos, ao feminismo, à libertação feminina e a assuntos do tipo, direcionados muitas vezes por opiniões influenciadas pelo gênero de quem escreve, o que torna o tema muito mais confuso.

C.G. Jung e alguns de seus seguidores abriram uma porta aos estudos do que se tem chamado "o feminino". Em seus trabalhos pioneiros Jung delineou algumas tipologias, como por exemplo: Eva, Helena, Maria e Sofia (JUNG, CW 16: 174). Sua tipologia nos mostra assim duas personificações simbólicas que provêm da tradição pagã e outras duas da judaica cristã. Posteriormente a analista junguiana Toni Wolf propôs também uma quaternidade feminina (a mãe, a mediatriz, a amazona e a hetaira), que foi criticada por aqueles que veem nela não o feminino em si mesmo, mas em sua relação com o homem (cf. ANTHONY, 1990: 35). Mas essas primeiras diferenciações simbólicas foram concebidas há mais de sessenta anos, quando a presença coletiva da mulher na história não tinha o ímpeto que tem hoje.

Algumas outras pioneiras, as descobridoras e exploradoras do *animus*, começaram a compreender como funciona este aspecto tão evasivo da psicologia de homens e mulheres, assim como sua infinidade de manifestações na mulher, às vezes muito distorcidas. Mais importante ainda, começaram a investigar sobre a dualidade evidente do *animus*: por um lado, sua inconsciência; por outro, seu valor como ferramenta da mulher para o desempenho de suas novas atividades. O *animus* inconsciente se manifesta de diversas formas: projetando-o nos homens, em impulsos que o *animus* ativa, na possessão da personalidade pelo *animus* e, sobretudo, na forma de opiniões. O *animus* é o masculino da mulher e aparece nela como um pseudológos, mas por sua condição arquetípica também aparece no homem, sobretudo com opiniões de ordem coletiva. Captá-lo como tal, como algo inconsciente na comunicação da mulher e do homem, é difícil para qualquer um, mesmo para o terapeuta mais versado em detectá-lo. Porém, o *animus* também tem uma importância central para a mulher atual, que deve aprender disciplinas criadas pelo homem e igualá-lo em conhecimentos. Nesta situação o *animus*, quando funciona dentro de certos limites, é uma ferramenta fundamental.

Cada mulher é um ser individual e só através de sua individualidade é possível aproximar-se de suas complexidades. De qualquer maneira, temos que reconhecer que o feminino, como temos tratado de nos aproximar dele, ainda é um assunto muito novo na psicologia. Sua novidade confunde e ao mesmo tempo estimula a explorar a alma da mulher desde o ângulo das divindades femininas da mitologia, onde encontramos grande diversidade e riqueza. Os Padres da Igreja se referiram à mulher a partir de uma perspectiva muito remota e sem se relacionar com sua verdadeira natureza. A conexão com o feminino no catolicismo se dá por meio do culto à imagem de Maria e das muitas virgens que povoam o barroco da Contrarreforma (a Virgem Mãe). Ao contrário, no mundo protestante a repressão do imaginário feminino foi total.

1) Na psicologia dos arquétipos, quando um estudante sente-se atraído por um tema, seu trabalho costuma se basear nas imagens suscitadas por este. Se eu sinto a necessidade de me referir a Ártemis – uma deusa virgem – é porque suas imagens têm me estimulado; tenho lido sobre Ártemis, sentido sua significação em mim mesmo e em minha cultura, vivo sua manifestação diariamente em minha prática psicoterapêutica e até diria que Ártemis se encontra no topo da psicologia de hoje. Tudo isso me impulsiona a conhecer o mais que posso sobre o virginal. Além disso, parece-me que o arquétipo de Ártemis tem predominado através da história da civilização ocidental: tem desempenhado um papel central na chamada vida espiritual, influindo em nossa cultura, assim como também tem sido dominante na unilateralidade do ho-

mem do Ocidente. A vida religiosa se baseou principalmente na castidade e na pureza, excluindo qualquer coisa que pudesse contaminá-la. No que segue espero tornar evidente que essa virgindade, em alguns de seus aspectos e manifestações arquetípicas, tende a reprimir o que não é virginal. Falta dizer que tem valor para a psicoterapia o estudo dos componentes psíquicos propensos a reprimir; que funcionam por meio da repressão.

Abarcar todas as facetas de algo tão complexo como o feminino é impossível. Aqui só posso me mover dentro dos limites do arquétipo de Ártemis, o que significa me limitar ao material pagão sobre Ártemis que, por si mesmo, proporciona imagens mais que suficientes para uma aproximação a essa deusa. O material pagão transmite o caráter (*ethos*) e a essência de Ártemis, contrastando-a com outros deuses e deusas, dando-nos uma visão mais adequada do virginal da que poderia nos dar, por exemplo, a Virgem Maria, que chegou a ser o símbolo representativo do feminino na vida religiosa do catolicismo. Se trabalharmos com o material pagão encontraremos imagens-arquétipos; se tentarmos fazer isso com o material cristão encontraremos símbolos. É importante ter presente esta diferença.

Meu interesse principal não é só mostrar a enorme importância de Ártemis em nossa economia psíquica, mas também tomar consciência do espectro de sua patologia, algo que foi fortemente desfigurado pela psicologia moderna. Levemos em conta que a maioria das teorias psicológicas, no século XX, tem se referido à sexualidade, ao não virginal, mas presumo que, apesar deste interesse pela sexualidade, Ártemis tem estado sempre presente na psicologia e nos próprios psicólogos e médicos que se ocuparam de explorar a sexualidade. No entanto, o lado virginal foi virtualmente ignorado ou ocultado com expressões como *repressão sexual*.

Interessar-se pela virgindade poderia então ser entendido como ir contra a corrente principal da psicologia atual. Mas meu interesse é a psicologia dos arquétipos, uma maneira politeísta de se aproximar da psique, baseada na concepção dos muitos deuses e deusas e nas múltiplas possibilidades de vida que oferecem. Isto implica uma atitude especial: deve-se considerar a diferença de cada arquétipo – respeitá-la e tolerá-la – e apreciar a necessidade de cada pessoa de viver segundo sua própria natureza, dentro das possibilidades oferecidas pelo componente arquetípico dominante em sua personalidade e apesar de seus complexos históricos. Porém, até agora não aprofundamos no virginal. Não houve, na realidade, uma avaliação adequada da personalidade na qual o componente dominante seja virginal. Ao se chamar esse tipo de personalidade de "sexualmente reprimida", ou denominar "repressão sexual" ao componente virginal que todos nós temos, evade-se sua realidade. A coisa acontece mais ou menos como na velha teoria da *privatio boni*: neste caso o *summum bonum* seria a sexualidade; e a personalidade virginal seria apenas uma personalidade privada desse *bonum*. Meu propósito, pelo contrário, é estudar o arquétipo como um recipiente de vida, como um provedor de significados vitais, assim como de uma patologia, tal como esta é mencionada pela psicoterapia.

Todo o alvoroço de nosso tempo ao redor da sexualidade nos apresenta um quadro que mais parece algo ingênuo e simplista. Sentimos que isso não foi discutido em suas complexidades. Para os principais psicólogos de nosso tempo, se a sexualidade foi conquistada, a personalidade psíquica também foi. Ou pior ainda, a sexualidade é concebida até como uma técnica que pode ser aprendida por qualquer um, ou uma panaceia que pode curar qualquer mal. No geral, os estudos sobre sexualidade têm como objetivo psicoterapêutico a superação das dificuldades sexuais do paciente e o logro de uma vida sexual adequada. No entanto, a chamada "sexualidade adequada" não garante a saúde em geral, e muito menos a saúde psíquica. Tenho conhecido pessoas de ambos os sexos que talvez tenham uma vida sexual intensa, mas são estúpidas, neuróticas ou psicopáticas e sem nenhum tipo de vida psíquica. E também tenho conhecido pessoas que poderiam ser qualificadas de sexualmente reprimidas, mas com uma rica vida psíquica e uma comunicação erótica admirável.

2) O estudo dos arquétipos é baseado em suas imagens. Estas proveem reflexão, e consideramos a reflexão como o centro da psicoterapia. Quero igualar a vivência da imagem arquetípica e da reflexão, uma reflexão instintiva que não deve ser confundida com as reflexões racionais ou intelectuais, mas isto não é tão simples como se costuma pensar. Não é fácil penetrar nesta realidade. O interesse pelas imagens não é nada novo, pelo contrário, é muito antigo. É uma maneira de ver e sentir que a história tem relegado ou, às vezes, reprimido tremendamente.

A esse respeito vou citar E.R. Dodds. Em "Plato and the Irrational" o autor nos dá uma pista para nosso propósito de sentir imagens:

> O pensamento mítico é pensamento em imagens, e sua lógica é completa ou parcialmente a lógica da emoção [*feeling*], como a coerência de um sonho ou de uma obra de arte, não a lógica da ciência ou da filosofia (1973: 120).

Dodds discute aí o pensamento mítico em Platão, e agrega: "Nisso, os mitos de Platão se parecem com as intuições do poeta e do vidente" (1973: 120). Para mim isso significa que o pensamento mítico e o pensamento em imagens se juntam como função do psíquico. O pensamento mítico está presente nas complexidades da imagem, e sabemos muito bem que o pensamento do homem primitivo é pensamento mítico. Dodds também diferencia a lógica deste tipo de pensamento dizendo que é "completa ou parcialmente a lógica da emoção [*feeling*]". E temos que reconhecer como Dodds valoriza o sentir da emoção [*feeling*].

Creio que agora teremos mais possibilidades de imaginar os gregos do tempo de Platão pensando em imagens. Em sua vida diária, suas almas estavam povoadas com as imagens que introduziram em seus mitos. Mas, como disse, esse tipo de pensamento retrocedeu, e quando somos afetados por algumas emoções (em sonhos ou obras de arte, como disse Dodds) a barreira do racionalismo conceitual construída através dos séculos – "a lógica da ciência ou da filosofia", nossa consciência unilateral – não admite nenhum outro tipo de lógica. A forte tendência de algumas pessoas de racionalizar o irracional das emoções produz cansaço e tédio psíquico. Podemos dizer que, em comparação com o que acontecia no caso dos gregos, os sonhos e a arte são muito menos frequentes em nossa vida diária e estão relegados ao indivíduo, enquanto que para os gregos pertenciam ao dia a dia.

Quando não existe emoção não existe uma imagem, mas uma figura. Temos consciência de que a conexão com os problemas de alguém ou com os pacientes necessita emoção, pois só assim pode haver movimento psíquico. As emoções tocam nossa natureza escondida e o movimento psíquico acontece. Trato de mostrar com isso nossa necessidade da imagem: quão famintos e sedentos de imagens estamos.

Uma psicoterapia baseada em valorizar imagens nos proporciona a experiência da natureza humana na qual estas nos movem e afetam. Esse acontecimento pode ser provocado por uma imagem exterior que aparece em nossa vida ou uma imagem armazenada em nossa memória. Se uma imagem aparece de repente em nossa alma, ao mesmo tempo sentimos uma reação em nosso corpo por causa de seu efeito. Uma imagem pode nos mover psiquicamente e expandir nossa consciência sem que compreendamos em absoluto o que se passa. Sentimos que a imagem nos penetrou tão profundamente que nossa psicobiologia foi tocada. Existem também imagens tão difíceis de tolerar que literalmente temos que afastá-las. É como se tivéssemos um pressentimento e nossa natureza nos dissesse que não podemos confrontar esse tipo de imagem. São imagens que a psicologia recente chamou de *imagens intoleráveis* (MICKLEM, 1979), as quais podem perturbar nossa personalidade profundamente. Uma imagem pode nos possuir até o ponto de nos levar a vivermos submetidos à sua vontade autônoma, sem que possamos tomar-lhe distância. Vou ilustrar isso com meu exemplo favorito, um elemento central de nossa cultura: quando Dom Quixote leu os livros de cavalaria, foi tomado por suas imagens e viveu desde então à mercê delas. Ele nos mostra um estado de possessão pela imaginária da cavalaria andante.

Escrever sobre imagens não é fácil. Sentimos que estamos tratando de um material que pertence ao vivencial subjetivo. Ler e valorizar imagens envolve a sensação de que estas imagens atuam a partir de uma parte singular de nós mesmos.

Quando me referi à conexão entre a imagem e o pensamento mítico no homem primitivo, sugeri que havia uma conexão entre imagem e instinto na qual nossa sobrevivência está em jogo. Seguindo Dodds, quero trazer um sonho de um paciente na maturidade, no qual se mostra a conexão entre imagem e instinto no nível mais profundo de nosso sofrimento psíquico ou de nossa enfermidade e sua relação com nossa fome de imagens. Este paciente sonhou que dizia a um poeta amigo: "Temos que sair para a rua, com a voracidade de um rato, para buscar a imagem". O rato simboliza o instinto de sobrevivência, e no sonho a psique se expressa no nível da sobrevivência.

## Deusas virgens

A polaridade entre o carnal e o virginal é um tema que vem me ocupando há muitos anos e sobre o qual tenho publicado. Ao falar do virginal em Ártemis quero estendê-lo a outras imagens arquetípicas como Atenas e Héstia, em quem o virginal é um ingrediente importante, mesmo oferecendo variações cuja consideração enriquecerá nossa percepção disso. Sendo assim, antes de entrar em cheio no tema de Ártemis e Hipólito, convido o leitor a me acompanhar numa breve revisão destas outras divindades virginais da Antiguidade, pois creio que isso ajudará a ampliar suas concepções sobre o virginal.

Na Grécia Clássica se chamou virgem (*parthenos*) a todas as deusas. No entanto, no sentido de não ter relação com o sexo oposto, houve só três deusas virgens: Héstia, Atena e Ártemis. Estas deusas têm este tipo particular de virgindade em comum, mas diferem entre si consideravelmente. Gostaria de aproveitar aqui a oportunidade que nos brindam suas semelhanças e diferenças para mostrar-lhes o que as duas virgens, Héstia e Atena, significam para mim, esperando provocar alguma reflexão ao mostrar seus contrastes. Posteriormente me referirei a Perséfone (cuja relação com Ártemis espero mostrar) e, por último, Ártemis.

### *Héstia*

Héstia foi a deusa virgem do lar, a que mantinha constantemente aceso o fogo da morada, uma deusa central na casa e na alma. Podemos imaginá-la como a deusa que centralizou a virgindade e pureza da família: a única que, com discrição arquetípica, encarregava-se da tradição familiar. Héstia recordava as histórias da família; personificava e carregava a patologia oculta e desconhecida da família na memória de sua alma. Em nossos tempos seu papel está muito diminuído, se não desapareceu. Vivemos na época da assim chamada "família nuclear", na qual cada membro sofre pessoalmente a patologia oculta da família. Já não existe um membro que se poderia chamar de um especialista em carregar a patologia familiar sem adoecer gravemente. As Héstias que conheci, pelo contrário, tinham vidas muito longas e sãs, talvez devido a sua habilidade para conviver com as patologias familiares.

Hesíodo disse que Héstia foi a primeira a ser tragada por Cronos, porque era a mais velha; e foi a primeira a emergir depois que Zeus fez a revolução que o colocou no topo do mundo na mitologia grega: o catálogo mais completo de imagens bem diferenciadas e consistentes da cultura ocidental. Os gregos tinham Héstia em alta estima e se vinculavam com ela religiosamente, oferecendo a primeira libação na manhã e a última à noite antes de deitar-se. Indubitavelmente isso era um modo de reviver Héstia de maneira ritual como a primeira a ser tragada e a primeira a nascer.

Até ontem, falando historicamente, a importância de Héstia foi sentida como central. Seu arquétipo era lindamente assumido pela virgem solteira, como aquelas tias cuja vida estava destinada a cuidar de uma extensa família: dos velhos, dos parentes, das crianças. Recordo da importância das minhas tias solteiras em minha infância. Elas ajudavam na criação das crianças e sua intervenção muitas vezes apaziguava os conflitos entre pais e filhos. A função de Héstia como uma mãe espiritual, ou como um contato com uma anciã sábia, aponta nessa direção.

As intervenções de Héstia no equilíbrio das desordens familiares parece que têm uma relação com Hermes, por sua maneira discreta de conectar as partes da família em discórdia. Héstia sempre funcionou como a memória de todas as histórias sobre os diferentes membros da família, assim como por seu conhecimento da patologia familiar oculta. Era a primogênita e a portadora da memória das três últimas gerações familiares; psicologicamente isto é muito valioso, pois na infância Héstia provia imagens da história da família que a criança ignorava, e, na maturidade, recordava o que se esquecia na infância. Era um álbum familiar vivo. Podia chegar a ser muito poderosa e, devido à consistência arquetípica, era capaz de manter-se em situações nas quais os outros membros da família colapsavam. Por ter sido a primeira a ser tragada por Cronos e a primeira a ser devolvida de seu estômago, seu arquétipo personifica e suporta o aspecto cronológico da memória, as datas e sequências. A tia Héstia recorda os detalhes, as alegrias e penas; atribui importância especial aos eventos que os demais membros da família consideram triviais ou não notaram. Os fortes aspectos cronológicos de Héstia provêm a psique de recordações da sequência da patologia familiar. Vejo Héstia como uma tia em nosso aparato psíquico que ao longo de nossa vida recorda com precisão nossa patologia e sabe que ter presente na memória a patologia familiar é imprescindível para nosso equilíbrio psíquico. Falando psiquicamente, Héstia se encarrega da cronologia de nossa patologia mais oculta, a herdada, que tem uma dimensão muito mais importante.

A iconografia de Héstia é pobre. É representada como uma mulher velha com um xale na cabeça, sentada diante do fogo; uma imagem que transmite uma atitude profundamente introvertida. Na imagem psicológica de Héstia de que tenho me ocupado sua atitude introvertida é sempre dominante.

*Atena*

Os monumentos a Atena na Grécia Antiga foram impressionantes. Foi representada de ouro como uma grande virgem com elmo, um escudo gorgôneo e uma lança: como uma guerreira.

Hoje em dia nós estamos muito longe da vivência de Atena que o grego comum teve nos tempos clássicos. A vida da *polis*, cuja figura central era Atena, nos é distante e sentimos que tem pouco sentido para nós. Mas a participação dos gregos na vida da *polis* foi apaixonada e os monumentos mais bonitos foram construídos em honra a esta deusa. No entanto, as leituras sobre Atena tocam em algo sensível em nós e, quando sentimos um desastre político extremo, podemos evocar sua epifania como protetora da cidade e do estado, como protetora de nossa alma em relação ao desastre político. Atena personifica a unidade do povo grego.

Atena nasceu da cabeça de seu pai Zeus. É a herdeira da inteligência superior e do sábio conselho (*Metis*). Naturalmente, seu nascimento teve uma conexão especial com seu pai. Este aspecto de Atena, se não é o único, pelo menos é o mais discutido pela psicologia moderna. Seu nascimento do pai tende a ser interpretado como uma identificação inconsciente da filha com o pai. Esta se produz particularmente quando o pai é um homem brilhante e a filha mimetiza suas proezas, tenta seguir a profissão do pai, reverencia o espírito e o intelecto paternos. É a filha cujo *animus* emana direta e fortemente do pai. Essas são as conexões mais comuns que se fazem a partir do mitologema do nascimento de Atena e que deram origem a uma redução da personalidade em questão.

Na Grécia Clássica Atena foi a deusa que ensinou as mulheres como trabalhar nas ocupações próprias de mulheres. Ensinava as profissões às moças: "O maior elogio a uma jovem, na boca de Aquiles, é competir em beleza com Afrodite e Atena nos trabalhos" (OTTO, 1954: 56). Estas não foram primariamente atividades de natureza doméstica, mas pertenceram à esfera das mulheres ao longo da história. No entanto, não encontramos aqui nenhuma pista sobre a relação com o trabalho da mulher moderna, que se realiza em muitas áreas que haviam sido até o momento exclusivas do homem. Onde mais se sente a presença de Atena é na mulher interessada na *polis* e envolvida com a política. Atena foi patrona de Atenas.

Atena foi a deusa do bom conselho, a que dava o conselho correto a seus protegidos. O aconselhamento tinha nela um respaldo arquetípico. Existem escolas de psicologia onde a terapia se faz através do conselho, mas uma psicoterapia baseada nos arquétipos, cuja finalidade é a reflexão, evita aconselhar ou raras vezes o faz. Se isto ocorre, o fato não é especialmente significativo. Aconselhar perturba a psicoterapia. Quando o paciente busca conselho, sente-se que está acontecendo uma transferência. Então o terapeuta precisa ter conhecimento e tato, pois, arquetípica e mitologicamente, o conselho é pedido a Zeus, pai de Atena, que é o único entre os deuses que é chamado de mestre do conselho.

Estou mais inclinado a aceitar o conselho de Atena como consequência de uma reflexão que sucede na terapia; neste caso sente-se que conselho e reflexão têm grande afinidade. Há situações em que o terapeuta tem que estar em contato com a família do paciente porque esta tem necessidade real de conselho. E a maneira como a família reflete o conselho determina o curso da terapia. Porém, penso que é arquetipicamente mais adequado conceber Atena como uma figura interior que aconselha o paciente, um modelo mais em harmonia com sua epifania quando aconselha os heróis gregos que protege, em *A ilíada* e *A odisseia*, dando-lhes a recomendação correta no momento oportuno.

Como Atena guia e aconselha o mais famoso de seus protegidos, Ulisses, pode dizer muito mais sobre psicologia do que qualquer coisa que eu possa dizer aqui: a deusa se oculta sob diferentes personagens, e desse modo sua guia e conselho sucedem de maneira indireta. Como protetora de Ulisses, o herói grego por excelência, podemos sentir a riqueza e a diversidade da relação, a qual faz de Ulisses o protótipo da inteligência e da astúcia, assim como o modelo da eloquência retórica afável. Em Ulisses há uma conexão direta com Hermes através da linhagem paterna. Hermes guia e protege Ulisses em situações difíceis que estão fora do domínio de Atena (onde esta não pode chegar) e que pertencem a seu âmbito arquetípico. Por exemplo, no episódio com Circe em *A odisseia*, Ulisses recebe a ajuda direta de Hermes.

Ao ler Homero, experimentam-se sensações e emoções causadas por analogias em nossa alma, mais ainda quando Atena aparece. As epifanias de Atena me levam a me perguntar se talvez estas não apareçam na prática, guiando o psicoterapeuta ao longo dessa jornada semelhante à *A odisseia*, que em boa medida é o seu trabalho. Creio que a psicologia de Atena reside nisto, mais do que como é vista como protetora do herói.

Nas epifanias de Atena diante de seus protegidos podemos detectar uma distância correta, o espaço correto para seu aconselhamento com o discurso de adequada proporção e medida. Este sentido de distância é essencial para perceber Atena. Esta não é tão distante como Apolo e Ártemis, que são intocáveis; está perto do homem, mas não tanto quanto Hermes, provavelmente o único Deus que podemos abraçar. A isto me refiro ao mencionar a distância exata e correta de Atena, a qual, por si mesma, constela o espaço onde o arquétipo funciona em sua essência.

Não é meu interesse estender-me demasiado sobre Atena, mas quero finalizar mencionando mais dois de seus atributos. Atena inventou a prensa para o azeite de oliva, tão importante para a cultura mediterrânea e para sua sobrevivência. Naqueles tempos certos alimentos eram preservados em azeite de oliva.

Outra grande invenção atribuída a Atena pela imaginação grega e pela tradição são as rédeas – os freios do cavalo. A alma necessita dos freios providos pela sabedoria e cautela de Atena. Já mencionamos que as imagens nos conectam com as emoções. Agora podemos ir mais longe: as emoções necessitam ao mesmo tempo de freios. Neste sentido, nossa vida emocional está regulada por Atena. Nossa maneira de perceber a relação entre as rédeas de Atena e as emoções é relevante para a psicoterapia, pois Atena pode nos prover de um guia para diferenciar estados emotivos. Atena pode nos ajudar com a dificuldade de diferenciar emoções histéricas, inferiores, estúpidas, repetitivas ou arcaicas (por exemplo, a ira), assim como prover o tato para refletir as emoções de inveja e ciúmes.

De seu nascimento, sabemos que Atena não teve mãe. Nasceu da cabeça de seu pai e existem dois elementos vitais que herdou deste: inteligência e conselho. Mas temos que reconhecer que Atena foi a guia do herói grego mais significativo: Ulisses, uma inspiração para a literatura ocidental. O mitologema parece nos dizer que o homem adulto poderia ter uma *anima* que o guiasse que não tenha conexão com a mãe, livre da usual ambivalência do complexo materno. O fato mitológico de Atena sem mãe é uma resposta arquetípica ao abuso do complexo materno na psicoterapia. Há um arquétipo personificado por uma deusa que simplesmente não tem mãe, e ainda assim é a única que guia e aconselha os heróis adultos, para não mencionar os psicoterapeutas. Em *A ilíada*, a primeira aparição de Atena diante de Telêmaco o move pela primeira vez fora do complexo materno no qual estava vivendo. Em sua primeira epifania, oculta sob o disfarce de Mentes, rei dos tafios, leva-o da adolescência à maturidade e o impulsiona a superar a atitude de seu pai diante da vida e planejar as ações seguintes. Atena tira Telêmaco de sua situação com uma sólida epifania, que poderia ser um modelo para a psicoterapia: deixar que a constelação arquetípica faça sua aparição. Telêmaco estava completamente tomado pela ambivalência do complexo materno, mas

Atena não desperdiça tempo discutindo prós e contras, rapidamente o move a dar uma resposta mais adulta à vida.

Outra característica de Atena é que sua presença aqui e agora respalda as ações de seus protegidos, porém, ao mesmo tempo, sucede como se, ao instruí-los, a deusa não se identificasse com suas ações. Quando seus protegidos se identificam com suas ações ou, como Tideu, têm uma regressão – ao canibalismo, nesse caso –, Atena se retira. Provavelmente Atena, como base da psique ocidental, seja mais parecida com Krishna, que instrui Arjuna no princípio de não se identificar com a ação. E este é outro ensinamento para a psicoterapia, pois o homem ocidental tende a se identificar com suas ações e valorizá-las com qualificativos como justas ou injustas, êxitos ou fracassos, alimentando sua culpa.

## Perséfone

> No mito genuíno apenas Ártemis podia ser considerada uma virgem (OTTO, 1954: 82).

A virgindade de Ártemis é muito diferente da de Héstia, encerrada no domínio da família e no lar, ou à de Atena, conectada com a cidade, as ações e façanhas do homem. A virgindade de Ártemis é como a da natureza, personifica a pureza da natureza em seu aspecto mais selvagem e virgem, onde o terreno e a vegetação ainda estão intactos e a paisagem é um *locus* que evoca imagens virginais: a visão da natureza virgem que chegou até nós através da tradição. Mas Ártemis personifica também a virgindade da natureza humana: como seres humanos formamos parte da natureza, fato que tendemos a esquecer; muitas vezes falamos da natureza como se estivesse fora de nós e esquecemos que somos natureza.

Otto diz: "Homero deu [a Ártemis] a designação de *Hagne*, palavra em que os significados de 'santa' e 'pura' se mesclam e que, com frequência, aplica-se aos aspectos intactos da natureza"

(1954: 83). E agrega: "Além de Ártemis, só Perséfone, a excelsa rainha dos mortos, é honrada com este epíteto por Homero". *Santa* significa espiritualmente perfeita. Na tradição cristã, a santidade concerne apenas ao divino: a Santíssima Trindade, a Santa Virgem Maria, a cidade santa, o Espírito Santo, a santa cruz. Assim, a concepção de Ártemis santa e pura não nos parece estranha (fomos bem preparados para isso), porém atribuir o epíteto *Hagne* a Perséfone, sim, é surpreendente.

Aqui vou me permitir uma curta digressão. A imagem de Perséfone raptada e sua transformação posterior em senhora do reino dos mortos causa um poderoso impacto. Como disse, não requer muito esforço ver o santo e puro em Ártemis, pois esta representa arquetipicamente a pureza virginal não contaminada de sexo. Mas para nós, atualmente, é muito difícil aceitar que a rainha dos mortos seja santa e pura e que seu reino também o seja. Tal coisa está além de nossas possibilidades, pois religiosamente nos ensinaram a imaginar o reino dos mortos como purgatório e inferno, certamente não como sagrado e menos ainda como puro. Assim, quando nossa curiosidade indaga o que Homero queria dizer com este epíteto, a primeira coisa que vem à mente é o fato de que a cultura grega teve uma conexão com a morte muito diferente da que temos em nossos dias. E é conveniente saber que a imaginária da morte foi terrivelmente reprimida na cultura ocidental. Raramente temos uma conversação sobre a morte temperada com um certo prazer. A imaginação da morte está cheia de horror e terror, de máquinas infernais de destruição, do mais abominável terror final. No entanto, hoje nenhuma religião nem cultura, nem nenhuma psicologia nos prepara para a morte. Carecemos de iniciação psíquica para a morte. Porém, podemos observar, no epíteto que Homero colocou em Perséfone, a importância que o grego deu à morte.

Os epítetos *santa* e *pura* referidos a Perséfone também são incômodos porque usualmente vemos a pureza como pureza sexual. E na cultura ocidental até a obtenção da pureza espiritual está condicionado pela pureza sexual, prerrogativa de Ártemis. Imaginamos a sexualidade de Perséfone algo estranha, quase distorcida, e aí o que chamamos de sexualidade não tem lugar. Certamente, nada sabemos sobre a sexualidade de Hades, mas se Hades e Dioniso são um e o mesmo, como assinala Heráclito, então a sexualidade de Perséfone se afilia ao dionisíaco.

Ao ser Perséfone a rainha dos mortos, podemos assimilá-la à depressão. Talvez assim o epíteto de Homero de há vinte e oito séculos comece a ter um significado mais acessível e vital: em psicoterapia, afiliar o reino dos mortos ao âmbito psíquico da depressão tem mais sentido e é mais real. A partir de Homero poderíamos dizer que para os gregos os estados de depressão eram sagrados, santos e puros. E também deveriam ser para nós, senão no mundo social e da atividade, pelo menos no da psicoterapia, onde a depressão poderia ser assimilada às ideias antigas de incubação ou, seguindo Jung, à depressão da consciência (*abaissement du niveau mental*)[2]. A psicoterapia poderia propiciar esta depressão para conectar a psique do paciente com seus aspectos mais rechaçados.

Podemos dizer que o epíteto que Homero aplica a Perséfone é uma profunda evidência de que para os gregos o âmbito psíquico da depressão não era distante, que o momento de sua vida e de seu pensamento em imagens os fez aproximar-se da depressão mais do que o homem moderno, com sua velocidade e unilateral ambição de êxito. Talvez isto pareça muito óbvio, mas é importante que conheçamos mais o âmbito depressivo; que se reconheça terapeutica-

---

**2.** Jung toma o termo de Pierre Janet.

mente como a depressão também pede para ser imaginada – habitada por deuses e deusas – como sagrada, santa e pura.

No reino dos mortos há deuses e deusas cujo estranho culto estabelece uma religião que nos conecta com nossas depressões. Hades é invisível, porém seu aspecto trino com Plutão e Dioniso provê nossa imaginação de formas e cores. Há uma imagem de Plutão com Perséfone e a cornucópia, simbolização da abundância subterrânea. Quanto a Dioniso, a imaginária é abrumadora: é o deus do vinho, da tragédia, da cultura. Mas, sobretudo, é o deus da expressão corporal: a psique do corpo no reino psicológico desta trindade é Perséfone.

Suportamos a depressão. Mesmo que esta ocupe pelo menos um terço de nossa economia psíquica, quando deprimimos é quando nos sentimos mais incomodados com nós mesmos; vivemos como se nossos momentos de descanso, de sono, de diminuição de velocidade e vitalidade não tivessem nenhuma significação. Isto repercute em nós adoecendo-nos, produzindo-nos pequenos sintomas e imagens de fracasso, desastre econômico e enfermidades da velhice. Nossa sociedade demanda atividade e o reino da depressão é rechaçado, não encaixa em nosso esquema de vida.

Na vida moderna não existe uma cultura da depressão. Não existe uma concepção de seu significado psicológico para a saúde. O centro de saúde e o dia livre modernos são para recuperar atitudes; a aspiração é que o corpo cansado volte a suas atividades usuais o mais rápido possível. Hoje não há tempo para a depressão; o culto à deusa da depressão, seu templo, mudou para o consultório terapêutico ou para o sanatório mental. O treinamento médico não proporciona a cultura requerida para valorizar a depressão ou refletir nela.

Alguns *scholars* modernos reconhecem a contribuição da depressão para a cultura ocidental (KLIBANSKY; PANOFSKI &

SAXI, 1964; WITTKOWER, 1963), porém, se nos mantivermos no legado de Homero (Perséfone, santa e pura), a depressão tal como a descreve São João da Cruz, "a escura noite da alma", começa a ser sentida menos distante. Homero nos ensina que a depressão é sagrada e os místicos confirmam isso.

Dois junguianos de hoje escreveram sobre este reino da psique: Niel Micklem em seu livro *The Nature of Hysteria*, no capítulo "A Hole in One" (1996: 87), no qual realiza uma leitura impecável do rapto de Perséfone por Plutão e conecta o rapto com o nascimento da psique do corpo; e Alfred Ziegler, em *Todeshochzeit* (1985: 40), a imagem medieval do casamento com a morte.

No estado cheio de fantasias e mal-estar físico depressivos, pode suceder o rapto psicológico referido por Micklem ou a *Todeshochzeit* de Ziegler. Sabemos destes dois acontecimentos, com sua afinidade e diferença, pelo estado e os sonhos do paciente. No sonho mais comum de rapto um homem a cavalo, ou num carro preto, leva a sonhadora a uma terra desconhecida, na qual há um simbolismo psicótico. É sempre um sonho espantoso e aterrador que tem repercussões no corpo físico daquele que sonha. Os sonhos de *Todeshochzeit* aparecem depois de uma longa batalha psíquica com a enfermidade. Muitas vezes têm este modelo: "Não sei se estou num casamento que é um funeral ou num funeral que é um casamento". Uma paciente com hipertireoidismo sonhou o seguinte: "Meu marido e eu saímos de um casamento luxuoso. Caminhamos ao longo de uma rua para pegar o carro. Vejo um pequeno túmulo no muro. Olhamos dentro e vejo o corpo putrefato de um homem que foi meu primeiro namorado (este realmente havia morrido num acidente)". Nestes sonhos a depressão traz o movimento psíquico. Usualmente o paciente os rechaça, por isso a reflexão sobre seu sentido e importância psíquica depende do psicoterapeuta. Por exemplo, ao introduzir na discussão de maneira inesperada a

*Todeshochzeit*, o casamento com a morte, sem ter ainda uma psique deprimida e constelada para assimilar semelhante imagem, poder-se-ia ter a expectativa absurda de uma transformação psíquica do paciente por meio de uma conceitualização.

## Ártemis

Depois desta digressão sobre Perséfone, vamos nos aproximar da imagem da própria Ártemis. Quatro poetas gregos – Panfus e Safo, de acordo com Pausânias, Ésquilo em *Agamenon* e Eurípides em *Hipólito* – chamam-na de "a mais bela". Para apreciar o que significava para os gregos o termo *beleza*, citarei Gilbert Murray:

> Para o artista ou o poeta da antiga Grécia a beleza possui em grau extraordinário uma qualidade especial. Por exemplo, para contrastá-la com Roma, se você escava nos arredores da Muralha Romana em Cumberland encontrará quantidade de objetos, altares, inscrições, figuras, armas, botas, sapatos que têm interesse histórico, mas não são muito mais bonitos do que aqueles contidos num monte de lixo moderno. E isso também é assim para a maioria das escavações em todo o mundo. Mas se você escava em qualquer lugar clássico ou subclássico do mundo grego, por menos importante que seja, praticamente todos os objetos que encontrará serão bonitos; as inscrições estarão belamente talhadas; as figuras, por mais baratas e simples que sejam, e algumas poderiam ser intencionalmente grotescas, conterão uma verdade e uma graça especiais; os vasos terão boas formas, os desenhos serão bonitos. Chega-se a escavar numa necrópole e se tropeça com os epitáfios aos mortos, praticamente todos eles conterão um toque inexplicável de beleza; inclusive se os versos não chegam a rimar perfeitamente ou as palavras estão mal soletradas.

O ideal de beleza grego não estava confinado à alta intelectualidade, mas estava presente nas coisas mais comuns (MURRAY, 1921: 8).

O uso do superlativo por quatro poetas gregos sugere que estes não o usavam como tendemos a fazer hoje: como uma expressão de exagero histérico. Para os gregos dos tempos clássicos, os superlativos "são 'indicadores' de realidade, de existência máxima de uma coisa – e não exageros de duvidoso ou mau gosto literário, filosófico ou sentimental" (GARCÍA BACCA, 1980: 78). Os gregos estavam possuídos pela beleza. Se chamavam uma deusa de a mais bela, isso era uma reflexão da magnitude dessa deusa. Além de sua beleza, muitos autores a apresentam como uma imagem da liberdade do feminino, uma liberdade conectada com a natureza, baseados nas imagens de Ártemis dançando com suas ninfas nos cumes das montanhas, perseguindo e caçando animais selvagens. Esta imagem transmite um sentimento de liberdade e pureza ao mesmo tempo. Pessoalmente, nunca compreendi bem a palavra *liberdade*. Deparo com ela, sobretudo equivocada; mas posso ver como independência o que usualmente se chama liberdade, palavra que me parece mais conveniente para começar a refletir sobre o que está acontecendo com a mulher de hoje: a constelação histórica da independência artemísica.

Com efeito, hoje as mulheres vivem uma independência que nunca antes tiveram na história, só imaginável mitologicamente em Ártemis. E neste aspecto a mulher de hoje tem seu respaldo arquetípico em Ártemis. O salto da mulher à frente da vida no mundo de hoje é um dos mais importantes eventos de nosso tempo e, para mim, só foi possível acontecer com este respaldo. Mas não pensemos unilateralmente em Ártemis como uma deusa só de mulheres, pois em ambos, homens e mulheres, há um domínio psíquico regulado exclusivamente pela virgem. Este âmbito virginal certamente poderia ser nada mais do que um elemento entre outras complexidades da personalidade. No entanto, há certas personalidades nas quais o virginal é o elemento predominante. O arquétipo aparece quantitativamente, assim como suas qualidades psíquicas, e determina a constituição física da pessoa. Podemos falar aqui de uma pessoa regulada psíquica e fisicamente pelo arquétipo da virgindade.

Para alguns, os relatos sobre os nascimentos dos deuses são os mais comovedores da mitologia. Bem, no que se refere ao nascimento de Ártemis, os relatos mitológicos não nos dizem uma palavra. Isso faz com que perguntemos se existe algo verdadeiramente primitivo nesta deusa, aspecto que tratarei de desenvolver mais adiante. Conta-se que Ártemis já estava aí quando nasceu seu irmão Apolo. No entanto, um *scholar* moderno interessado na história da religião grega, Martin Nilsson, evoca imaginativamente para nós seu nascimento na alma grega.

> As necessidades do homem criaram os deuses, e o culto resulta na expressão dessa necessidade. Um deus é um *dàimôn* que adquiriu importância e fixou a forma através de um culto. Dentre uma multidão de seres semelhantes, o culto elege um como objeto, e este se converte em um deus particular. Porém, sobrevive a crença em numerosos *dàimones* e, se o espírito concebe simultaneamente ambas as coisas – a divindade única e o grupo de *dàimones* –, estes últimos adquirem um chefe. Por isso aparecem Pã e os Pãs, Sileno e os Silenos, mesmo que Sileno tenha sido reduzido a uma figura semicômica quando seus acompanhantes passaram a integrar o séquito de Dioniso.

> Ártemis é uma grande deusa que parece ter nascido desta maneira. Em essência, não é senão a mais notável das ninfas dos bosques e das montanhas. Sai à caça

e dança com elas pelas montanhas, pelas selvas e verdes prados. Como elas, domina os animais na natureza virgem, alimenta seus filhotes e estende sua influência até os homens: ajuda as mães no momento de suprema necessidade e protege a geração que nasce, mas pode também provocar uma morte súbita com seus dardos (NILSSON, 1961: 143).

Esta esplêndida contribuição de Nilsson me parece tão valiosa como qualquer dos relatos sobre o nascimento de um deus na mitologia clássica. Em sua esclarecedora percepção sobre a origem dos deuses, Nilsson descreve também a origem de uma imagem psíquica no ser humano, quando a alma começa a fazer-se a si mesma. Dos daimones irracionais emerge um daimon principal, em nosso caso, Ártemis. Sua aparência física como primeira imagem sacode a alma, a comove, com seus contornos mais definidos. Creio que ninguém poderia superar esta percepção do grande historiador da religião grega sobre o nascimento de uma imagem. Cada vez que leio este bonito fragmento de Nilsson, no qual descreve o nascimento de Ártemis a partir das ninfas daimones, também me impressiona que ele tenha incluído o de Pã e o de Sileno, e gostaria que o leitor tivesse isso presente, pois logo vou discutir sua aparição com mais detalhe.

Referi-me anteriormente ao fato de sentirmos fome e sede de imagens. Também, com referência às imagens, temos a noção de resgatar um pouco o que a história deixou para trás. Temos uma experiência, uma vivência, dessa necessidade que cria certa tensão. E desta tensão surge a possibilidade de algo semelhante a essa psicologia em imagens para o homem moderno: o que chamo "leitura da imagem". Mas para ler a imagem temos de nos manter rigorosamente dentro dos limites e na precisão desta imagem. Não podemos deixar que nossas projeções inconscientes nos con-

# Ártemis e Hipólito

fundam, como acontece com certa frequência. A imagem desaparece quando é abordada com interpretações projetivas e alcança suas possibilidades e sua riqueza quando, aproximando-se dela, podemos fazer uma leitura própria.

A imaginação é enganosa, confusa e inadequada: ao tratar de contar a experiência que tivemos quando deparamos com uma imagem, quando tratamos imaginativamente de recolher essa experiência, torna-se evidente que perdemos muito ao narrá-la e que o resultado é pobre e grotesco. Em nossos estudos temos que diferenciar entre o uso comum da palavra imaginação – por exemplo, em "deixemos voar nossa imaginação" – e um uso que, como logo veremos, é muito diferente.

Com o tempo uma imagem pode repercutir, e aquela emoção que sentimos, quando aconteceu pela primeira vez, podemos senti-la de novo. Para mim a psique funciona por repercussão e por memória emocional.

A leitura da imagem deve ser feita com a lógica à qual se refere Dodds: a do *feeling* que aparece na arte e nos sonhos. Tive sonhos que "li" muitas vezes, cada vez de uma maneira diferente. E com a palavra *diferente* quero me referir ao inefável, à qualidade eterna da imagem que apareceu no sonho. Poderia dizer o mesmo sobre um poema; este também pode ser lido sempre de novo, sentindo seu caráter inesgotável; e o mesmo pode acontecer com uma pintura. Por exemplo, na obra *Em busca do tempo perdido* Marcel Proust conta que, um dia antes de morrer, Bergote vai ver uma pintura de Vermeer, mas de todo o quadro ele se atém ao detalhe de uma parede de ladrilho ali representada, e em sua pátina percebe a história completa do homem ocidental. Bergote viu essa pintura muitas vezes, até fazer essa "leitura" no dia anterior à sua morte. Proust mostra-nos assim o caráter inesgotável da imagem, e chega até ao extremo de demonstrá-lo, como Bergote, circunscrito a um detalhe de um quadro de Vermeer. Pode-se dizer o mesmo sobre um detalhe num sonho; muitas vezes, por si mesmo, este é suficiente para produzir em nós uma emoção e fazer-nos sentir um movimento psíquico.

Peço ao leitor retornar ao admirável fragmento de Nilsson desde uma perspectiva um tanto distinta. Este texto, em si mesmo, pode ser tomado como uma imagem. O homem necessita criar divindades para o mistério, os daimones povoam a psique do homem; e a isto podemos equiparar a massa confusa alquímica: além de nos mostrar que temos de tolerar os estados de confusão, isto nos diz que algo está em movimento – há um conflito psíquico real e uma penosa luta interior –, muitas figuras informes em movimento, até que uma toma forma e chega a ser uma imagem (uma imagem arquetípica é consistente e pertence às necessidades reais da vida). Assim nasceu Ártemis: das muitas ninfas sem forma definida que pertencem mais às imagens inconsistentes dos contos de fadas, surge como uma imagem consistente e bem definida. Algo similar sucede na psicoterapia quando um paciente vive um conflito doloroso com o irracional e as assim chamadas forças inconscientes dos daimones, até que uma imagem emerge.

O trabalho do analista consiste em estar a par do processo e alimentá-lo, ver intuitivamente o que está sucedendo em seu interior. Se concebermos o terapeuta como um imagineiro, podemos apreciar sua participação no processo. Se estivermos lavrando uma imagem, a habilidade do terapeuta é reconhecer a qual arquétipo esses daimones estão afiliados.

A descrição de Nilsson pode ser aplicada também ao processo poético. O poeta luta com a fragmentação de muitos daimones misturados no fundo de sua alma – criando desacordos e dor – de que a criação da poesia necessita, até que uma imagem apareça e as palavras se tornem possíveis. A lealdade dos bardos gregos às origens me vem aqui à memória: por milênios eles cantaram sempre as mesmas canções sobre os deuses e deusas.

Além de ser a mais bela, "Ártemis foi a deusa mais popular da Grécia", afirma Nilsson (1961: 41). E cita a descrição do geólogo Estrabão sobre as terras baixas na desembocadura do Rio Alfeu: "Toda a zona está cheia de santuários dedicados a Ártemis, a Afrodite e às ninfas, situados em bosques floridos devido, sobretudo, à abundância de água" (p. 151). Estrabão fala de Afrodite junto de Ártemis; parece que ambas foram as deusas mais populares na Grécia. A cena e os numerosos templos das deusas revelam sua importância em conjunto e a provável rivalidade entre ambas por causa de seus rituais e cerimônias: sua oposição psíquica. No culto aos deuses e deusas a rivalidade e a inveja são bem conhecidas[3]. A popularidade de Ártemis e Afrodite e sua rivalidade revelam o significado psicológico das duas deusas; e podemos especular sobre como o atrito em seus cultos engendrou uma fricção na alma grega do período clássico.

## Iniciação

Na religião grega era inconcebível a iniciação sem ritos; estes eram necessários para conectar-se com a deidade à qual se rendia culto. Vejamos o modelo clássico de iniciação em Ártemis tal como é descrito por Kerényi:

> [Ártemis] aparecia sempre como uma donzela, mas também se assemelhava a um rapaz em seu vigor e rudeza, como as moças nessa idade especial que estão justamente sob sua proteção. Contava-se que ela rogou a seu pai que lhe desse companheira somente de

---

[3]. Em Sevilha, por exemplo, existe uma rivalidade aguda entre os devotos das distintas virgens das diferentes paróquias.

nove anos de idade. Essa era a idade em que as meninas abandonavam suas mães e ingressavam no serviço a Ártemis. Nos primeiros tempos todas faziam isso, mas depois apenas algumas escolhidas permaneciam a serviço da deusa até que se tornassem núbeis. Em Atenas as pequenas donzelas de Ártemis eram chamadas *arktoi*, "ursas" (1999: 146).

Kerényi nos dá uma primeira visão do lado iniciático de Ártemis, a primeira iniciação religiosa nos tempos da puberdade.

Se Ártemis foi a primeira iniciação das meninas de nove anos e, ao mesmo tempo, a mais popular deusa na Grécia, então podemos supor que foi uma deusa da maioria. Aos nove anos ainda somos "a maioria". Mas sua popularidade foi além das crianças; sendo assim, podemos conjecturar que, arquetipicamente, havia mais "filhos de Ártemis" do que outro deus ou deusa na antiga Grécia: havia pessoas para quem Ártemis foi a única iniciação. Ainda hoje é razoável supor que, psicologicamente falando, a maioria das pessoas passam pela iniciação na vida através de Ártemis; dada a relação entre a virgem e o monoteísmo, esta costuma ser a única iniciação psicológica. A Igreja provê a iniciação da confirmação, mas outras iniciações mais tardias como as da adolescência, em Afrodite ou no matrimônio, perderam importância. E desapareceram as iniciações próprias da segunda metade da vida, da velhice e da morte.

Parece que historicamente a iniciação da psique no nível artemísico foi perpetuada até chegar a ser o modelo de iniciação mais forte, pois as outras iniciações se tornaram sombrias. E é possível que a maioria das pessoas se dê conta de que necessitam psicoterapia por causa de distúrbios relacionados com a iniciação artemísica.

Em nossos tempos de massas, os filhos de Ártemis são numericamente superiores; "a maioria" está paralisada na iniciação artemísica, pois a vida não nos provê outras iniciações[4]. A própria iniciação do homem de massa, com sua tremenda anulação do individual, é basicamente artemísica. O arquétipo de Ártemis pode produzir e aceitar esta concepção, pois sua iniciação não é diferenciada: o indivíduo não se vê afetado enquanto tal, como acontece no caso de Atena, cuja proteção é um assunto muito diferenciado e individual, como vimos com Ulisses.

Podem ser vistos como conflitos característicos da iniciação arquetípica os desses filhos (meninos e meninas dourados) cujos pais creem (desde um idealismo apolíneo) que eles não deveriam sofrer ("Não quero que meu filho sofra o que eu sofri"); ou os desses adultos que mostram uma preocupação exagerada ou histérica pelas crianças em geral, que esqueceram sua própria iniciação na puberdade ou a perderam, e rendem culto à criança concreta: pais que vivem sua neurose por meio dos filhos. É possível que, em parte, a causa disso seja um coletivo paralisado neste nível de iniciação.

Regressemos aos tempos clássicos por um momento. Em Esparta a iniciação de Ártemis era muito diferente:

> No festival de Ártemis Ortia, em Esparta, açoitavam-se os jovens diante do altar da deusa. Considerava-se isso uma prova de resistência à dor e constituía um elemento da rigorosa preparação espartana (NILSSON, 1960: 120).

Em Esparta a iniciação ajustava-se mais ao padrão das leis marciais tão importantes na vida espartana, e assim a importância era colocada no valor e na resistência diante da dor. Mas em Atenas, uma cidade interessada no festival e no teatro, a iniciação era uma dança religiosa, o que hoje poderia ser chamado de baile folclórico

---

[4]. Os *mass media* poderiam pensar nos mesmos termos: o mundo de Walt Disney e a propaganda fomentam "a maioria" que somos aos nove anos e que permanece em todos nós.

de crianças dançando como ursinhos: em outras palavras, a expressão por meio do movimento corporal. Temos assim dois modelos de iniciação dentro da mesma configuração arquetípica, cada um de acordo com necessidades culturais diferentes. Temos a sensação de que o modelo ateniense ajusta-se mais ao arquétipo; o corpo em movimento na dança é mais adequado às necessidades de um grupo dessa idade. Em Esparta a iniciação preparava as crianças para os deveres militares e por isso envolvia força e resistência; a iniciação tinha um propósito futuro que ia além da idade da criança.

O modo militar espartano continua presente no mundo de hoje, quando as crianças brincam com brinquedos de guerra. Estes brinquedos podem ser vistos como elementos heroicos que começam a aparecer ou, segundo a psicologia atual, como agressão contra os pais e fantasias de assassinar. Trata-se da idade de "matar" ("matar" soldados de brinquedo, "matar" nossos amigos e companheiros), a idade em que tradicionalmente as crianças sentem-se atraídas pelas histórias e filmes de guerras e adoram os heróis. No entanto, o modelo espartano está mais presente hoje em dia nessas crianças que vemos nas fotos manejando armas reais ou recebendo treinamento para usá-las nas guerras religiosas ou ideológicas que sacodem o mundo.

Mas nove anos é a idade da iniciação em Ártemis e também, tradicionalmente, a idade do catecismo, o qual nos impõe as regras básicas da religião e da sociedade. Aqui não estou me referindo apenas ao significado religioso usual da palavra catecismo, mas também quero dar-lhe uma conotação mais ampla que inclua outras doutrinas como o nacionalismo, as ideologias políticas, a propaganda comercial de todo tipo e outras coisas do mesmo estilo. Por volta dessa idade a criança se converte na meta do fervor missionário do homem ocidental. O catecismo é o livro da maioria, e o objetivo do missionarismo foi sempre converter e convencer a maioria: a massa que deve trabalhar para cumprir seu propósito. A religião e as ideologias dizem: "Dá-me uma criança de nove anos e a terei para toda a vida". Implantar um catecismo de qualquer credo tem uma finalidade de poder que se formula assim: "Com estas crianças governaremos o mundo". E têm razão! Um catecismo aprendido aos nove anos nunca se esquece, e é provável que muitas de nossas desordens psicológicas se originem na literalização interior fundamental do catecismo que recebemos. Um resultado extremo da doutrinação poderia ser passar o resto da vida reagindo de modo neurótico ou psicopatológico contra ela: um combate e um sofrimento no qual poucas vezes se consegue a transformação da interioridade.

Aos nove anos também começamos a descobrir o mundo exterior da natureza e começa a se produzir uma diferenciação. A árvore aparece então como o centro do mundo e dirige nossa iniciação. Poderíamos recordar cada detalhe da árvore de nosso jardim e distingui-la claramente da árvore de nossos vizinhos. Trepar nas árvores tinha uma importância básica. Todos podemos recordar nosso tempo de "vida" na árvore. A árvore tem seu lado curativo: um rapaz psicótico foi passar uma temporada com seu avô, que lhe permitiu construir uma casa na árvore e viver nela por uns meses. Quando o rapaz desceu da árvore, estava curado e já não se podia diagnosticar psicose. Ao que parece havia vivido na cidade e não havia tido a possibilidade de passar pela iniciação de Ártemis na natureza, própria dos nove anos. Na mitologia, a árvore está vinculada a Ártemis: "Nenhum dos grandes deuses está relacionado tão estreitamente com o culto da árvore", assinala Nilsson (1961: 41). No entanto, uma coisa é dizer que a árvore é o centro da iniciação a Ártemis, e outra completamente diferente é dizer que a árvore é um centro simbólico da psique e da vida e projetar nela cosmogonias completas. A árvore como atributo de Ártemis nos dá a oportunidade de fazer outra leitura das muitas árvores que aparecem nos estudos junguianos: as árvores religiosas cosmológicas, as árvores filosóficas, as árvores alquímicas e a abundância de árvores nas pinturas de psicóticos e nos *testes* de projeção. A psicologia junguiana associa a árvore com o *self*, a vê como um símbolo do *self*, e assim um atributo de um arquétipo é tomado simbolicamente como o centro de toda a personalidade. Vou-me aventurar a dizer que a virginal Ártemis é a mais propensa a ser tomada como símbolo do *self* por causa de sua natureza (e espero apresentar mais exemplos disso no que se segue); sua exclusividade e rechaço aberto ao que não é puro a torna propensa a ser confundida com a "personalidade completa", quando na realidade a "personalidade completa" teria que incluir a sombra, que é incomensurável.

Assim como trepávamos nas árvores, também caçávamos e matávamos muitos animais pequenos aos nove anos. Recordo ainda minha comoção quando matei pela primeira vez um inocente camaleão que apareceu diante de mim mudando de cores; em minha velhice, tenho na minha memória ainda uma vívida imagem deste momento de minha infância. Este tipo de assassinato seguramente tem um toque de Ártemis caçadora, e talvez por meio de reminiscências como estas possamos começar a ter uma vaga noção do que é a caça na mitologia: a virgem nos conecta com matar animais.

Agora estamos prontos para ler um bonito texto de um poeta clássico:

> A Ártemis invocamos [...] cuja prática é o arco e a caça de lebres e a ampla dança e os esportes nas montanhas; começando pela vez em que sentada sobre os joelhos de seu pai – ainda uma menina – lhe dirigiu estas palavras: "Conceda-me preservar para sempre minha virgindade, Pai [...] e dá-me flechas e um arco [...] e para vestir-me uma túnica bordada que chegue até aos joelhos, que as-

sim possa matar as bestas selvagens. E conceda-me sessenta filhas do Oceano para meu séquito – todas de nove anos de idade [...] e, como assistentes, vinte ninfas de Amniso para que cuidem de minhas botas e, quando não me encontrar caçando linces e cervos, acolham meus velozes cães de caça. E dá-me todas as montanhas [...] pois rara é a ocasião em que Ártemis desce para as cidades" (CALÍMACO, 1921: 61).

Como Kerényi comenta: "Calímaco atribui este entusiasmo pela caça já à pequena menina sentada nos joelhos de Zeus, o que lhe confere um caráter especial" (1980: 42). A caça e o lado assassino de Ártemis foram tomados pelos filósofos do Renascimento como ambivalência: "A casta Diana, apesar de sua frieza, é uma frenética caçadora e mutante como a lua" (WIND, 1960: 196). Esta ambivalência é própria do arquétipo e aparece em qualquer psicologia virginal artemísica. No entanto, a deusa pode ser vista de outra maneira: como *Elytheia*, *Ártemis* ajuda as mulheres no parto ("só nessa ocasião Ártemis desce às cidades"), mas também mata os anciãos, ferindo-os com sua flecha a distância: uma morte rápida e doce como um sonho maravilhoso. Homero nos disse como Atena, apesar do desespero de Penélope, a fez relaxar-se e cair num profundo sono na própria poltrona onde estava sentada. Quando acorda, Penélope exclama: "Que suave letargia cobriu meus sofrimentos! Oxalá a casta Ártemis me proporcionasse uma morte tão suave assim agora mesmo, para não continuar consumindo minha vida com o coração angustiado [...]" (*A odisseia* 18, v. 200-204). A prece de Penélope é o modelo de uma morte artemísica. Em minha prática psicoterapêutica, alguns pacientes me contaram fantasias de morte muito similares às da prece de Penélope. O lado virginal artemísico de Penélope invoca a morte a partir do arquétipo. Este é um modelo no qual não cabe a possibilidade dramática da *Todeshochzeit* nem a profundidade da imaginária da morte que provém do sentido trágico dionisíaco da vida.

Como caçadora Ártemis nos leva a pensar sobre ela em termos mais primitivos, conectando-nos com o extremo da imagem primordial. Quando estamos em contato próximo com a deusa que ensina e propicia a caça podemos ter uma pequena aproximação da sofisticação instintiva do homem primitivo como caçador. A antropologia e o neodarwinismo modernos podem determinar como estavam divididas as tarefas para sobreviver nos tempos pré-históricos: para as mulheres a colheita e para os homens a caça; e de novo sentimos a forte conexão que ambas as coisas têm com Ártemis no adiantado "antigo" mundo. Para a colheita as mulheres devem desenvolver um profundo sentido intuitivo para saber quais eram as plantas alimentícias e quais as daninhas. Provavelmente eram ajudadas nisso pelo mesmo oportunismo dos primatas: observavam os frutos e as raízes que os primatas comiam e os imitavam. Seja como for, a mulher primitiva necessitava de um sentido muito especial para mover-se na selva, devia ser cuidadosa para não cair presa de predadores ou de minúsculos insetos tão vorazes quanto as grandes bestas. Além disso, devia desenvolver um conhecimento tremendo sobre serpentes e ser capaz de diferenciar rapidamente entre as venenosas e as inofensivas.

Deste modo, ao caçar, a sofisticação intuitiva do homem chegou a extremos extraordinários. A literatura antropológica descreve a preparação ritual que se realizava antes da caça: o homem primitivo dançava e imitava os animais que ia caçar. Aqui temos, em nível primitivo, um ritual que pode nos conectar com a dança das *Arktoi* para a iniciação artemísica na Atenas civilizada. Podemos imaginar o homem primitivo movendo-se ritualmente e invocando a intervenção da deusa caçadora, Ártemis primitiva que lhes havia ensinado a arte da caça. Um amigo antropólogo, que viveu com as tribos primitivas do Orinoco e na selva amazônica, descreveu-me com precisão como as mães ensinavam a seus pequenos filhos varões a arte do arco e flecha. Não temos visto todos os meninos, num ambiente urbano, disparar arcos e flechas feitos por eles mesmos? Sempre me toca ler sobre o homem primitivo, capaz de decifrar com exatidão o rastro de um animal e saber se vale a pena segui-lo. Caçando, e não de outra maneira, conectamo-nos de novo com o homem primitivo interior. O filósofo espanhol Ortega y Gasset disse: "O caçador é, ao mesmo tempo, o homem de hoje e o de há dez mil anos. Na caça o longuíssimo processo da história universal se enrosca e morde o próprio rabo" (1968: 102).

As mulheres antropólogas, respaldadas pelo novo avanço da mulher nos campos antes fechados para elas, têm contribuído para ampliar nossa compreensão das atividades das mulheres na vida primitiva. Para mim, seu trabalho nesse campo é um dos maiores êxitos do salto histórico da mulher[5]. Mas essas mulheres não têm sido capazes de imaginar que, na alma do homem e da mulher primitivos, havia uma deusa virgem, que é chamada de *anima* na psicologia junguiana, que lhe ensinou a complicada arte da caça. Essa deusa é a que incita Hipólito a dirigir-se a Ártemis: "Oh, a

---

5. Quando nos conectamos com uma imagem e tentamos lê-la, um ganho seria não omitir a extremidade primitiva dessa imagem. Mais ainda no mundo de hoje, no qual carecemos de imagens primordiais. Inclusive a Igreja Católica, que algumas vezes foi um reservatório de imagens – dessas imagens medievais que deram um contingente religioso à santidade e à crueldade –, mostra hoje a mesma escassez. A virgem Maria, na iconografia moderna, é representada sem os atributos simbólicos de sua divindade. Temos que ir a uma catedral medieval para vê-la aparecer em toda sua glória com seus atributos simbólicos, entre eles a lua minguante, a serpente sob seus pés, os cornos do touro, a torre. Sem cair em heresias, quando vejo a Virgem Maria no altar, carregando seu filho e parada sobre uma serpente, vem de pronto à minha mente a mulher primitiva, que devia ter um conhecimento intuitivo profundo sobre serpentes, carregando seu filho enquanto o amamenta: a extremidade primitiva do arquétipo.

mais querida para mim das divindades, filha de Leto, companheira de minha existência e de minhas caças...!" Pela boca de Hipólito, Eurípides, na civilizada Atenas, evoca a *anima* que guia o caçador nas complexidades da caça.

No descobrimento do mundo exterior se combinam o *shock* e o assombro. O descobrimento do lugar onde morava um companheiro de colégio, numa rua diferente, no máximo duas ou três quadras distantes, é o descobrimento surpreendente de um mundo completamente novo; caminhar vários metros acima pelo rio onde usualmente caminhávamos desvela um repertório completamente novo de fantasias. A maravilha dessas primeiras explorações num minúsculo universo proporciona imagens vívidas que nutrem a alma. Algumas vezes nos surpreende como volta à memória a primeira viagem que fizemos fora da cidade, a primeira refeição que fizemos num restaurante... como companheiros permanentes de toda nossa vida. Essas memórias do passado são referências que respaldam as comovedoras valorações da iniciação artemísica aos nove anos.

Mas descobrir o mundo exterior não é tudo, também nesse momento começamos a descobrir nosso corpo. Para ver isto gostaria de voltar, antes de continuar, a partir de uma outra perspectiva, à passagem de Nilsson sobre o nascimento de uma imagem:

> As necessidades do homem criaram os deuses, e o culto é um resultado dessa expressão. Um deus é um *dàimôn* que adquiriu importância e fixou a forma através de um culto. Dentre uma multidão de seres semelhantes, o culto elege um como objeto, e este se converte num deus particular. Mas sobrevive a crença em numerosos *dàimones* e, se o espírito concebe simultaneamente ambas as coisas – a divindade única e o grupo de *dàimones* –, estes últimos adquirem um chefe. Por isso aparecem Pã e os Pãs, Sileno e os Silenos, mesmo

que Sileno tenha sido reduzido a uma figura semicômica quando seus acompanhantes passaram a integrar o séquito de Dioniso.

A primeira vez que lemos este precioso texto compreendemos como parte do conhecimento dentro de uma disciplina: dentro dos limites do assunto que é a religião grega. Sempre me pareceu notável a erudição e as capacidades dos *scholars* que dedicaram suas vidas a esses estudos. Mas se lemos mais Nilsson, este texto pode ser relacionado com os trabalhos sobre o período micênico, origem da mitologia e da vida religiosa grega. Podemos deixar vagar nossa imaginação em torno do homem micênico e seu descobrimento das imagens primordiais, em torno do tempo do nascimento das imagens e das formas, quando os bardos repetiam os mesmos relatos enquanto cruzavam a longa ponte de um milênio, quando firmavam seu trabalho com o esforço de manter em suas almas as imagens que historicamente faziam pontes entre o temor do homem primitivo e do que poderíamos chamar um "assentamento" da cultura e da civilização.

Necessitamos mais do que uma leitura da mesma passagem para descobrir nela um fio diferente. O *scholar* pode estar escrevendo sobre religião grega, mas as complexidades de sua vida e suas recordações estão misteriosamente envolvidas; a memória de sua alma está participando. Assim também, quando lemos, nossa memória é irradiada, porque a imagem se ajusta a nossa própria urgência e necessidade e nossa memória emocional se anima. Tentarei aqui conectar as ideias e noções sobre a "puberdade" da civilização ocidental com a memória da puberdade do *scholar*. E isso move em mim as recordações de minha própria puberdade. Uma das lembranças que a passagem de Nilsson me traz é a das ninfas que apareciam na noite e perturbavam meu sono. Só depois que cheguei a conhecer a natureza exterior mais precisamente – como trepar nas árvores de maneira mais hábil, quais ramos poderiam se romper, quais arbustos poderiam arranhar, onde cruzar uma quebrada ou um poço – comecei a ter lugares específicos (*loci*) para colocar essas ninfas que tanto haviam frequentado minhas noites, trazendo-me estranhos medos. Agora sei que elas viviam misteriosamente em árvores, arbustos e riachos. Esta foi uma primeira aprendizagem sobre a natureza guiada por Ártemis.

Assim, para mim, não é acidental que Nilsson, ao descrever o nascimento da imagem de Ártemis, inclua também a semelhança com os nascimentos de Pã e os Pãs ou Sileno e os Silenos. Com efeito, podemos incluí-los como elementos de outro modelo do mundo de iniciações artemísicas. Ao abrir-se o mundo exterior, abriu-se o mundo dos sentidos. Nossas mãos começaram a tocar o próprio corpo e o de outros de uma maneira diferente. Sentir e tocar tiveram uma nova dimensão. O mundo dos sentidos nos mostrou o caminho para descobrir o corpo que aparece como não visto e não tocado; assim experimentamos um novo conhecimento, algo diferente e inesperado. E então descobrimos a masturbação, nossa sensualidade carnal básica. Dos pequenos Pãs que visitaram nossas mentes, aparece Pã, um deus importante que nos guia na exploração do reino físico de nosso corpo. Assim, já não é surpreendente que, ao mesmo tempo em que nosso mundo era regido pela deusa da virgindade, fôssemos diretamente a um grande conflito. Durante essa iniciação no mundo dos sentidos e da sexualidade as crianças começam a sofrer, a viver um sofrimento pessoal e individual no qual está envolvida toda a personalidade. Trata-se de um conflito e uma crise que está nos chamando para a iniciação de nós mesmos, uma iniciação na qual a virgindade é violada ao ver e ser vista, ao tocar e ser tocada.

Quase ao mesmo tempo, outro novo conhecimento começou a aparecer em nós: os rostos das pessoas ficaram com um aspecto novo, aconteceu como se repentinamente essas caras estivessem gravadas em baixo-relevo. Detectamos de repente um amplo espectro de expressões, como uma série de máscaras, e começamos a "ler" essas máscaras, a sentir como nos olhavam e como as olhávamos. Estou me referindo a algo regido por Sileno, que a tradição toma por tutor de Dioniso. Foi uma aprendizagem, uma iniciação, um momento no qual o mundo como teatro se revelava. Uma lenta aprendizagem para discernir quais máscaras eram toleráveis para nós e quais podiam nos impactar excessivamente e nos mandar de volta sob a proteção de nossa condição artemísica e virginal, não vista e não tocada. Quando percebemos a transparência das máscaras, topamos com emoções e atitudes fora dos domínios de Ártemis: ódio, inveja, ciúmes, remorso..., e nos tornamos peritos no reconhecimento das personalidades fora de nossas possibilidades de comunicação.

No mundo da criança a irrupção de elementos tão diferentes como Ártemis, Pã e Sileno resulta num conflito de arquétipos que tem lugar no núcleo interno de sua personalidade, uma crise na qual a individualidade da criança se vê forçada a manter a singularidade da experiência. A criança sente-se isolada, e os pais, por não terem modelos de iniciação ou por haverem esquecido sua própria experiência nessa idade, não se dão conta da crise. Assim, a criança carrega a crise sozinha. É um período de loucura e tem que ser, com a nova impressão da criança do mundo dos sentidos e do rosto dos outros, das outras máscaras, que a levam além do umbral de sua casa.

Vou fazer uma pequena manobra aqui: quando os pais chegam a se dar conta da primeira crise na vida da criança, muitas vezes sentem pânico. É notável o número de pais que buscam ajuda psicoterapêutica alarmados pelos primeiros sinais dessa crise. Talvez, sem que saibam, eles próprios estão buscando uma proteção virginal para que a crise da criança não se dê. Dessa maneira, a crise, que poderia levá-la a uma iniciação mais psíquica, é imediatamente escondida no estabelecido pela boa conduta e pela educação. Os pais querem um modelo de pureza e obediência. Numa iniciação mais psíquica e individual à puberdade, os sentidos de ver e tocar têm que coexistir com os sentidos rechaçados por Ártemis, a deusa intacta.

Na iniciação de si mesmo a criança experimenta o mundo num contexto mais individual: há um sofrimento pessoal de uma crise. Hipólito, o menino caçador de Ártemis – como veremos na segunda parte deste trabalho –, não experimenta nenhuma crise de puberdade, permanece totalmente leal à pura castidade virginal. É um paradigma para a pessoa que permanece no reino virginal de Ártemis, rechaçando Pã e os Silenos. Não teve nenhuma conexão com as forças desta crise de iniciação de si mesmo e assim, quando Afrodite o desafia, está perdido e é incapaz de responder.

Não há dúvidas de que a primeira crise profunda em sua puberdade sacode a criança por completo. Isto talvez tenha uma grande influência na criatividade da personalidade, e poderia nos levar a compreender o anseio veemente de alguns de retornar para capturar a visão prístina na qual se entrelaçaram a alma e o mundo pela primeira vez, aquela experiência primordial que nos comove emocionalmente quando reaparece na memória.

### Relatos míticos de Ártemis[6]

*Actéon*

Ártemis sempre foi descrita como uma virgem caçadora, e suas companheiras também eram virgens. Pobre

---

**6.** A exposição dos relatos de Ártemis que comentamos em seguida segue a apresentação de Kerényi (1999) na sessão intitulada "Relatos de Ártemis".

homem que a espiava quando se banhava nos poços e riachos selvagens! (KERÉNYI, 1999: 146).

Kerényi nos introduz no tema: uma sequência de imagens sobre a visão da nudez, tomadas dos relatos míticos sobre Ártemis. O primeiro se refere a Actéon, uma figura que fascinou muitos escritores e pintores. Um caçador de uma linhagem sumamente interessante: "filho de Aristeu e Autônoe e sobrinho de Sêmele, a mãe de Dioniso" (KERÉNYI, 1999: 146). Foi educado por Quíron e havia recebido ensinamentos xamanísticos. Ovídeo conta que Actéon surpreendeu Ártemis enquanto se banhava:

> [...] as ninfas, tal como estavam [...] colocando-se em volta de Diana, ocultaram-na com seus corpos; mas a própria deusa é mais alta que elas e sobressai por cima de todas com seu pescoço. A cor que costumam ter as nuvens manchadas pelo golpe de um sol à sua frente ou da vermelha Aurora apareceu no rosto de Diana ao ser contemplada sem vestimentas [...] (*Metamorfose III*, v. 178-186).

E a deusa se vingou de Actéon, transformando-o em um veado:

> Mas quando Actéon viu na água seu rosto e seus cornos, "Ai, desgraçado de mim!", estava a ponto de dizer: nenhuma palavra surgiu; lançou um gemido: esta foi sua palavra, e as lágrimas fluíram por sua cara que já não era a sua (*Metamorfose III*, v. 200-203).

Kerényi conta que "os cinquenta cães de caça de Actéon despedaçaram seu amo metamorfoseado" e "a Autônoe coube a atroz tarefa de reunir os ossos de seu filho" (1999: 146). "Diz-se que a cólera de Diana, portadora da aljava, não se saciou só com o fim de uma vida em consequência das abundantes feridas" (*Metamorfose*, III, v. 250-252).

Comove, neste relato sobre Ártemis, ver como a castidade pode converter-se em cólera tão rapidamente e em vingança repentina e cruel contra o homem que viu sua nudez. Com efeito, uma patologia muito profunda e complexa torna-se óbvia no relato de Actéon. E seu "Ai!" é em si mesmo a reflexão de uma imagem – uma imagem muito torpe – que carrega consigo uma patologia (cf. tb. LÓPEZ-PEDRAZA, 2000b: 28-29).

O relato de Actéon é um relato de desmembramento. Depois de espiar Ártemis nua Actéon é transformado num veado – o animal favorito da deusa –, e como veado é desmembrado. A imagem mostra um desmembramento artemísico: este chega até os ossos. A imagem de Autônoe reunindo os ossos de Actéon aponta, parece-me, à patologia do horror. Actéon, como disse antes, foi instruído como caçador por Quíron e, em sua relação com este, com certeza ele conseguiu também alguma conexão com seus instintos. Segundo os *scholars*, Quíron foi um mestre de iniciação xamânica; poderia ter sido um mestre da medicina em conexão com a arte primitiva da cura xamânica, sem esquecer que foi mestre de Asclépio, deus da medicina. No entanto, frente à imagem de Ártemis nua, Actéon só consegue ser dilacerado em pedaços; vê-se levado à loucura por uma imagem. Parece-me, assim, que o relato de Actéon é um desafio completo para a psicologia: parece situar a iniciação xamânica num reino que pode ser destruído por uma imagem quando tudo foi logrado. Assim, uma virgem pode-nos tornar loucos, pode nos levar a uma condição crônica (já que é a tarefa de Autônoe colocar os ossos de seu filho novamente juntos). O relato de Actéon confirma a consistência e força de uma imagem; neste caso, o poder de uma imagem em contraste com a iniciação xamânica dos instintos.

O "trauma" de ver os pais nus no banho foi um assunto importante para a psicologia do século. Ver os pais nus no banho foi, na teoria psicanalítica, um dos elementos na origem da neurose, através do complexo de Édipo, tão central para essa teoria. O uso e o abuso dessa teoria não é o tema que me concerne aqui, mesmo que a concepção seja baseada no mais alto grau na maneira em que Ártemis conceitualiza. Agora vejamos que o relato mítico oferece uma imagética na qual o que poderíamos chamar uma estranha patologia se vincula com a visão de Ártemis, arquétipo da virgindade, nua, banhando-se num rio ou num poço.

Por outra parte, o banho é importante na psicoterapia. Na perspectiva de Jung sobre a transferência, o banho, ao aparecer como fonte alquímica, é básico e é o recipiente da transferência. Sonhar com banho pode indicar que um complexo está a caminho de um possível movimento psíquico; se pudermos refletir o complexo, então há movimento na terapia. Há muitos e diversos sonhos com banhos, mas quero me referir apenas a um tipo, um sonho que é como da escola primária da psicoterapia: o sonhador toma banho com sua esposa e aparece sua mãe, pois esta quer tomar banho com eles ao mesmo tempo. Não estou interessado em interpretar este sonho, só o ofereço para ilustrar uma situação em que se expressa num sonho. Quando aparece um banho num sonho – seja de mar, num lago, poço, riacho ou uma simples ducha – a psique está em movimento, conectando e transformando os elementos psíquicos vinculados a esse banho.

Sabe-se que nas mais importantes ordens religiosas tomar banho foi um problema sério, um assunto complicado: o sacerdote ou noviço devia tomar banho coberto por uma roupa especial. Pelo menos nas mais severas ordens religiosas chegava-se ao extremo de reprimir a visão e o toque do próprio corpo nu. Temos aqui outra expressão do arquétipo: pessoa virginal que rechaça a visão de sua própria nudez. Sentimos que deve ter havido um tremendo conflito entre a visão e a nudez num nível profundamente conflitivo. Restam poucas dúvidas de que o corpo nu tenha sido central na vida religiosa do cristianismo, pois o perceberam com uma numinosidade de difícil consciência.

Na mitologia de Ártemis temos muitas imagens da deusa banhando-se nua, num tanque ou num riacho, com seu séquito de ninfas. Aparentemente, sentia-se perfeitamente cômoda nesta situação: a virgindade olhando a nudez com olhos virginais. Parece que, dentro do próprio arquétipo, olhar outro corpo nu não cria problemas, porque a visão da nudez alheia está contida por completo dentro da configuração arquetípica da virgindade: o arquétipo virgem, por assim dizer, pode olhar e até tocar virginalmente um corpo nu.

Freud disse que não podia olhar na cara do paciente e, nessas circunstâncias, é possível imaginar que tampouco podia tocá-lo. Ver e tocar – Pã e Sileno – foram excluídos da aproximação psicanalítica. Para mim, isto por si só é suficiente para detectar a presença de Ártemis no consultório analítico. Geralmente, a psicanálise converte-se numa *imitatio* do mestre e desenvolve muito mais as linhas religiosas da confissão: o analista (o confessor) e o paciente (o confessado) nunca se olham.

Mas na psicoterapia é crucial ver e ser visto, porque isto oferece a possibilidade de conectar-se com o que foi terrivelmente reprimido na cultura ocidental: os deuses e as deusas do ver e do tocar, do corpo: Afrodite, Pã, Sileno. Em última instância, ver e ser visto incumbe mais aos sentidos e não devemos esquecer Eros e Psique: Psique necessita ver. Se o discurso limita-se aos ouvidos, a escutar, excluem-se as múltiplas possibilidades do corpo reprimido, a expressão do corpo físico, histórica e tão cruelmente reprimida. No que me concerne, analista e paciente têm que se ver e ler as expressões do outro rosto, a outra máscara: só assim há psicoterapia.

Se um analista é incapaz de aceitar a expressão de seu próprio rosto como uma forma de comunicação, é difícil chamá-lo de psicoterapeuta: é através de ver e ser visto que falar com o outro significa falar com um ser humano; de outro modo poderíamos acabar falando a uma "coisa". Antonio Machado diz assim:

> O olho que vê não é
> olho porque tu o vês.
> É olho porque te vê.

Leio o verso de Machado como se dissesse: ver e ser visto é básico para o diálogo psíquico. Não se trata apenas dos sentidos, é algo mais. Quando chego a me dar conta de que não estou olhando os olhos da pessoa com quem falo, detecto minha própria virgindade atuando e tratando de me proteger dos olhos do outro (em minha cultura, quando alguém não olha nos olhos ao falar diz-se que fala como um sacerdote). Machado escreveu outro verso onde podemos compreender a mudança de pessoa à coisa:

> A coisa que vês não é
> coisa porque tu a vês.
> Coisa é porque não te vê.

### Calisto

Outra história relativa a Ártemis tinha por heroína trágica uma companheira da deusa, uma certa Calisto. Tal nome próprio formou-se do adjetivo *kalliste*, "a mais bonita", e era um apelativo da própria Ártemis. Dizia-se que Calisto havia sido uma ninfa do cortejo de Ártemis, uma caçadora que vestia as mesmas roupagens que a deusa (KERÉNYI, 1999: 146).

Quando Kerényi nos fala sobre Calisto, podemos presumir que esta foi uma personificação da deusa. Na literatura mitológica este tipo de personificação foi comum; as personificações mitológicas entranhavam qualidades, ou complexos, pertencentes à configuração arquetípica do deus, da deusa ou da figura personificada, e o poeta sentia-se particularmente atraído por alguma dessas qualidades ou complexos.

Muitos poetas clássicos e muitos pintores se sentiram atraídos pela história de Calisto. Nas diferentes versões, esta tem diferentes pais: "Nicteu, 'o homem da noite'; Ceteu, 'o homem do monstro marinho'; ou Licáon, 'o lupino'" (KERÉNYI, 1999: 149), nomes que apontam para o obscuro e até para o horror, um lado que Calisto carrega de seus pais; sua personificação reflete um dos aspectos horrorosos do arquétipo.

Calisto foi seduzida por Zeus. Ovídio descreve assim a sua sedução:

> [...] a ninfa penetrou no bosque que nunca havia sido devastado: aqui tirou de seu ombro a aljava, distendeu o arco flexível e estava deitada no solo coberto de grama, e comprimia a aljava de vivo colorido com seu pescoço em cima. Quando Júpiter a viu cansada e livre de guardião [...] Em seguida adota o aspecto e a roupagem de Diana e diz: "Oh donzela, membro destacado de meu cortejo, em quais colinas tens caçado?" A moça se levanta da relva e diz: "Salve, deusa, maior do que Júpiter em minha opinião, mesmo que ele próprio me escute". Ele ri e escuta e se alegra de ser preferido a si mesmo e lhe dá beijos não tão moderados e que não devem ser dados assim por uma donzela. Quando tentava contar em que bosque havia caçado, ele a impede com um abraço e se descobre não sem culpa. Com certeza ela, ao contrário, o quanto pode uma mulher, certamente briga; mas a quem poderia vencer uma moça ou quem poderia vencer Júpiter? Júpiter se dirige vencedor ao elevado céu:

para ela são motivo de ódio o bosque e o cúmplice arvoredo [...] (*Metamorfose* II, v. 417-440).

O relato de Calisto é um relato de incesto, e a descrição de Ovídio deste incesto indireto aviva nossa imaginação. Uma ninfa da Arcádia, vestida como sua própria filha Ártemis, cativa de Zeus. É uma ninfa do cortejo de Ártemis, que é como uma amiga de sua filha. Ele a chamava de "a mais bela", um dos nomes de sua filha. Podemos imaginá-lo como um homem de negócios atual que, ao celebrar uma festa pela graduação de sua filha, sente-se cativo de uma amiga dela. Este pai dança com a amiga de sua filha, sente seu corpo, junta seu rosto com o dela, e de maneira indireta experimenta uma conexão incestuosa – emocional – com sua filha através da dança com sua amiga. Talvez a filha possa experimentar algo desta conexão se vê o pai dançando com a amiga. Deixemos que nossa imaginação vá mais além para supor que este Zeus moderno, quando fala com a amiga de sua filha, é suficientemente perspicaz para expressar-se a si mesmo não desde sua paternidade, nem desde sua perspectiva de homem de negócios, mas com uma retórica semelhante à de sua filha e suas amigas, pois sua filha o treinou nessa linguagem. Poderíamos dizer que a relação pai e filha funciona na psique através desta retórica: esta contribui para a conexão.

Então a linguagem da filha é importante; ao usá-la poder-se-ia dizer que o pai se disfarça de Ártemis, sua própria filha, como Zeus no relato. Ao usar sua retórica se coloca a si mesmo numa relação simétrica com ela através de sua amiga (Calisto).

O fruto da gravidez de Calisto, diz a história, foi um menino, Arcos (esta palavra se relaciona com *Arktos*: urso). Dizia-se que Arcos foi o primeiro habitante da Arcádia. De Arcos, disse Kerényi: "a rusticidade da Arcádia e o caráter antigo de seus habitantes concordavam muito bem com tais deuses e semelhantes ancestrais" (1999: 147). Saibamos ou não, habitamos o mundo mítica e poeticamente.

Ártemis descobre a gravidez de Calisto quando está tomando banho com suas ninfas; em meio à cólera a transforma em ursa.

O triângulo psicológico de Calisto, personificação da filha virginal de Ártemis engravidada por Zeus, o deus pai, sugere possibilidades psicoterapêuticas adicionais: a gravidez psicológica de uma Ártemis virginal é o único movimento psíquico possível para uma paciente predominantemente virginal cuja vida é regulada por uma única deusa.

Naturalmente, é necessária uma terapia conduzida com suficiente tato para propiciar esse processo. Esta é uma resposta muito diferente da estereotipada prescrição dada à paciente virginal para fazer intercâmbio sexual. A psicologia moderna está presa a uma sexualidade concreta que pode provocar agudas reações arquetípicas. Recordemos a reação de Ártemis ao descobrir a gravidez de Calisto, quando está tomando banho com suas ninfas: "Vá para longe daqui", disse, "[...] e não desonres estas sagradas fontes!" (*Metamorfose* II, v. 464-465). Então, em meio à cólera, Ártemis transforma Calisto em ursa. O relato nos conta a regressão que poderia acontecer se a deusa virgem chegasse a se dar conta de uma gravidez concreta. Uma paciente virginal poderia ter uma reação similar, e esta poderia ser muito destrutiva. Por isso, o terapeuta deve ser muito cuidadoso, pois induzir à sexualidade uma paciente artemísica pode provocar uma situação intolerável.

Ovídio mostra a transformação de Calisto de uma maneira comovedora:

> [...] ela estendia seus braços suplicante: os braços começaram a arrepiar-se de negros pelos e a curvar suas mãos e alongar em garras as unhas e se transformar em patas, e a boca, louvada em outro tempo por Júpi-

ter, deforma-se em grande fauce; e para que suas preces e palavras suplicantes não dominem os ânimos, tira-lhe a possibilidade de falar: uma voz colérica e ameaçadora e cheia de terror sai de sua garganta afônica (*Metamorfose* II, v. 477-485).

Chegou-nos uma tradição evemerista que deriva de Arcos o nome da Arcádia. Projetou-se também o mitologema de Calisto no firmamento e foi visto na constelação da Ursa Maior. Sabemos que muitos dos mitos pagãos reprimidos foram projetados nas estrelas, mas o de Calisto tem uma relevância especial que nos diz da importância do mito. Calisto carrega o lado humano e trágico do relato mitológico e nos dá alimento poético e mítico.

Não há dúvida de que a história de Calisto move a imaginação erótica. Eu a expresso um tanto elaborada, através de minha imaginação. Este estímulo erótico da imagem que oferece o mito de Calisto inspirou grandes artistas. Boucher pintou vários quadros sobre o tema, vendo neles uma indireção da relação lésbica de duas virgens. Desses quadros, considero o que mais me chega emocionalmente, *Júpiter e Calisto* (1744)[7].

Em termos gerais, é bem sabido que o virginal é o que mais estimula a imagética erótica. Em seu livro *Pagan Mysteries in the Renaissance*, Edgar Wind faz uma leitura iconológica admirável de *A primavera*, de Sandro Botticelli (na galeria L'Ufficci, em Florença). Neste quadro, um Eros cego está apontando para Virginitas, que, junto com Voluptas e Pulcritudo, representam as Três Graças; enquanto Virginitas está olhando para Hermes, que aparece como um jovem distraído que contempla umas laranjas. Tal

---

[7]. No Museu Puschkin de Moscou.

concepção nos faz pensar na atração erótica hermética que exerce o virginal.

### Britomártis
Diz Kerényi:
> A história de Britomártis também é um relato sobre Ártemis. Com esse nome os cretenses invocavam uma donzela divina a quem Ártemis amava especialmente. Traduzido da língua cretense, o nome Britomártis significa "doce virgem". Em outras regiões da grande ilha ela era chamada de Dictina, a deusa do Monte Dictineu (1999: 148).

E mais adiante: "Contava-se que Britomártis era uma filha de Zeus nascida em Creta e que era uma ninfa e caçadora (1999: 148).

Como Calisto, pode-se dizer que Britomártis é outra personificação de Ártemis. De acordo com seu próprio temperamento e caráter, os cretenses conceberam uma virgem que respondia às necessidades da parte virginal da alma cretense. Kerényi disse logo: "Minos, filho de Zeus, apaixonou-se por ela". Na tradição grega Minos representa a luxúria.

> Perseguiu a moça silvestre pelas montanhas de Creta. A ninfa se escondia ora nas florestas de carvalho, ora nas regiões baixas. Durante nove meses Minos seguiu suas pegadas. Quase a capturou num rochedo íngreme do Monte Dictineu, onde suas roupas ficaram presas num ramo de mirta. Mas ela saltou daquela altura ao mar, caindo nas redes de uns pescadores, que a salvaram. Ártemis elevou-a à categoria de deusa (1999: 148).

O relato aborda um aspecto específico de Ártemis. Britomártis recebe a maior recompensa de Ártemis porque protege sua virgindade até o extremo. Nesta expectativa de uma recompensa gloriosa no futuro, talvez, captura-se um dos principais aspectos da personalidade de Ártemis: a possibilidade de chegar a ser uma "deusa" ou uma santa. Britomártis concentra toda sua energia e habilidade para escapar de Minos e seu desejo, até a ponto de arriscar sua vida. Representa uma força muito particular do arquétipo do virginal. Essa força virginal protege sua virgindade em qualquer condição. A única finalidade da vida é a castidade, e esta dá significado à vida. Além disso, assumindo a história como ascese, a maior recompensa de todas é esperar pela graça. Aqui temos os elementos clássicos arquetípicos de uma imaginária que chegará a ter uma grande importância quando, mais adiante, o cristianismo se encarregar da vida religiosa: o virginal e o resguardo da virgindade como acesso à santidade. No entanto, o relato nos diz que, nos tempos clássicos pagãos, também existia uma força semelhante para viver a virgindade como centro de uma vida, e que esta possibilidade é arquetípica.

A história do cristianismo está cheia de variações do tipo de virgindade personificada por Britomártis. Através da imagem de Britomártis podemos ver um elemento central da vida religiosa na cultura ocidental. Britomártis, que defende sua virgindade até as últimas consequências, chega a ser o modelo arquetípico de homens e mulheres que, respaldados pela mesma força e habilidade para preservar sua castidade, elegem a vida religiosa. Estes também foram preparados para defender sua virgindade mesmo custando a própria vida.

A impressão que tenho ao ler a imaginária de Britomártis é a de uma vida completamente dedicada, dia e noite, a defender a própria virgindade. É um relato de mais de dois mil anos, mas de algum modo esta atitude chega a ser uma das principais na vida religiosa do Ocidente. Explicar como pôde acontecer isso requereria uma vasta investigação, certamente fora do alcance de minhas possibilidades. Não obstante, E.R. Dodds, em *Pagans and Christians in an Age of Anxiety*, de certa maneira parece haver respondido a questão. Para Dodds, nos primórdios do cristianismo eclode o que poderia chamar-se de uma "epidemia" de virgindade (histeria), um ascetismo para o qual não se encontram antecedentes gregos:

> Os aforismos pagãos oferecem um ideal ascético moderado quando não trivial: o domínio de si mesmo é o fundamento da piedade; não devemos comer senão quando temos fome; temos que dormir somente o necessário; deve-se evitar a embriaguez; as relações sexuais têm de servir somente para ter filhos. O redator cristão, acerca do último ponto, adota uma postura muito mais sombria: o matrimônio, se é que alguém se arrisca a contraí-lo, deve ser uma "prova de continência", e é melhor a mutilação do que a impureza (1975: 56).

Dodds considera que, se houve um modelo antigo, este provavelmente foi mais judeu do que pagão. E, no entanto, acha que este ascetismo:

> [...] tampouco tem antecedentes no Antigo Testamento, nem base, na minha maneira de ver (fora uma passagem de significado discutível), nos ensinamentos atribuídos ao fundador do cristianismo. Quanto ao valor fabuloso concedido à virgindade, poderia parecer que São Paulo é o principal responsável, ainda que 1Cor 7 sugira que suas opiniões eram menos radicais que as da comunidade à qual se dirigia (1975: 59-60).

E conclui este capítulo assinalando:

> Inclino-me a pensar que tudo isso não é uma enfermidade transmitida a partir de uma fonte estranha, mas uma neurose endógama, indício de uns sentimentos de culpa intensos e muito difundidos (1975: 60).

Mas antes Dodds se perguntou de onde pôde surgir toda essa loucura e conclui: "Uma vez mais hei de reconhecer que ignoro" (1975: 58).

Dodds viu a loucura relacionada com essa obsessão pela virgindade durante os primeiros tempos do cristianismo. Mas surpreende que "uma passagem de significado discutível" na tradição judaico, cristã e um episódio no imenso volume da mitologia grega possam aparecer juntos e dar conta do princípio da vida religiosa. Um modelo de vida religiosa regulado pelo virginal se impôs em todo cristianismo. Cerca de dois mil anos depois, ainda é o modelo religioso no coração da relação homem mulher na Igreja Católica e romana e em algumas seitas protestantes.

Hoje os psicoterapeutas não podem subestimar a importância desta característica particular do arquétipo, nem da força permanente deste lado mais extremo do arquétipo virginal na vida de hoje. Provavelmente a maneira em que o homem ocidental – com a mesma força e habilidade de Britomártis – tem engendrado para proteger sua virgindade está num primeiro plano mais do que este está disposto a admitir. Todo o conflito para preservar a virgindade, as muitas vias para comprometê-la, as múltiplas regras e leis para satisfazer demandas virginais da vida religiosa que, todavia, sobrevivem, suscitam um interesse psicológico; ainda mais em tempos nos quais a psicologia aparentemente está mais interessada no oposto: na sexualidade. Por isso quero chamar a atenção sobre as formas de virgindade históricas e dominantes. Algumas vezes sinto que a psicologia trata de evitar esta realidade, preferindo concentrar-se na euforia sexual feita no começo do século XX.

Por outro lado, chegando mais perto do lado patológico do arquétipo, vou recordar a advertência de Ficino em pleno Renascimento: "Adorar um só deus é perigoso" (WIND, 1960). Como disse Jung, a doença mental relaciona-se com a unilateralidade de uma personalidade. O estudo das imagens arquetípicas facilita a diferenciação dos arquétipos dominantes de uma personalidade e nos capacita para ter uma noção dos que estão ativados na consciência, prontos para participar no conflito.

# 2  Hipólito

Começarei a segunda parte deste livro com a apresentação de *Hipólito* de Eurípides feita por um grande historiador. Em "Challange and Response. The mithological clue", capítulo V de *A Study of History*, Arnold Toynbee disse:

> Um encontro entre duas personalidades sobre-humanas é o argumento de alguns dos maiores dramas que a imaginação humana concebeu. Um encontro entre Jeová e a serpente é o argumento da história da caída do homem no *Livro do Gênesis*; um segundo encontro entre os mesmos antagonistas, transfigurado pela progressiva ilustração da alma siríaca, é o argumento do *Novo Testamento*, que nos fala da história da redenção. Um encontro entre Deus e satanás é o argumento do *Livro de Jó*; um encontro entre Deus e Mefistófeles é o argumento de *Fausto* de Goethe; um encontro entre deuses e demônios é o argumento da *Voluspa* escandinava; um encontro entre Ártemis e Afrodite é o argumento de *Hipólito* de Eurípides [...] (1946: 60).

As palavras de Toynbee mostram a importância de *Hipólito*, considerada como uma das grandes tragédias que sobrevivem. Com respeito às emoções trágicas, Thomas Rosemayer diz: "No drama de Eurípides, as surpreendentes transformações de *Alceste* e de *Hipólito*, e o impactante rigor de *As bacantes*, deixam o público num fecundo estado de perturbação" (1982: 86). Isto quer dizer que *Hipólito* toca níveis muito profundos do emocional e reflexivo na psique do ser humano.

Parece-me impossível converter num livro todos os textos que preparei para o seminário sobre *Hipólito* da Escola de Letras. De seu abundante conteúdo, interessa-me mostrar ao leitor a figura de Hipólito como paradigma do filho arquetípico de Ártemis e, também, tratar de ter bem presente esse argumento a que se refere Toynbee: neste caso, o que se desenvolve entre duas forças, opostas e excludentes, em conflito na psique do ser humano. Entre o carnal de Afrodite e o virginal de Ártemis.

O retrato que posso passar a vocês tanto de Hipólito como da luta entre Ártemis e Afrodite na alma humana, eu concebo como de interesse geral na história da cultura e de interesse específico no que me concerne mais diretamente: na prática da psicoterapia. Meu propósito foi centrar-me nesses dois aspectos da obra, que me parecem de maior importância para meus propósitos, mas não quis perder a oportunidade que esta oferece para mencionar outros temas que, estou certo, enriquecerão a exposição e serão de interesse para o leitor.

Toda a ação de *Hipólito* se desenvolve na frente do palácio real de Tresena. De um lado do cenário está a estátua de Afrodite, de outro, a de Ártemis. Neste escasso pano de fundo se expressam os dois opostos aos quais se refere Arnold Toynbee. No centro, à porta do palácio, Afrodite entra em cena e se apresenta a si mesma:

> Sou uma deusa poderosa e não isenta de fama, tanto entre os mortais como no céu o meu nome é Cípris. A todos que habitam entre o Ponto e os confins do Atlas e vêm a luz do sol, levo em consideração aqueles que

reverenciam o meu poder e derrubo aqueles que se assoberbam contra mim (*Hipólito*, v. 1-6)[8].

Afrodite, que na verdade vem com planos de vingança, continua com uma breve história dos dois personagens principais da obra: Hipólito e Fedra. Nas poucas primeiras linhas de seu prólogo nos diz exatamente quem são Hipólito, Fedra e seu marido Teseu. Conta-nos que Hipólito é o filho de Teseu com a amazona Hipólita e que seu tutor foi Piteu. Aquele que teve como mãe uma amazona revela que careceu de contato com o maternal. O mito das amazonas nos diz que essas só se ocupam das filhas mulheres e que matam os varões ou os abandonam. Que Hipólito tenha sido criado por Piteu, nome cujo significado é severo, nos assinala também que em sua infância a severidade foi um traço dominante.

Em seguida, Afrodite explica por que se sente ultrajada por Hipólito:

> [Hipólito] é o único dos cidadãos desta terra de Tresena que diz que sou a mais insignificante das divindades, despreza as delícias do amor e não aceita o casamento. Em troca, honra a irmã de Febo, Ártemis, filha de Zeus, como a maior das divindades. [...] Pelas faltas que tem cometido contra mim, castigarei Hipólito hoje mesmo (*Hipólito*, v. 11-22).

Afrodite se apresentou como uma divindade celestial, mas, para nossa surpresa, diz que se sente ultrajada, que veio para cobrar vingança com a morte de Hipólito através da enfermidade do amor e do suicídio de Fedra. É a imagem de uma deusa expressan-

---

8. Para as citações de *Hipólito* que aparecem neste ensaio seguimos a tradução de Alberto Medina G. e Juan Antonio López que se encontram no vol. 4 da Biblioteca Clássica Gredos (1977), modificando no texto algumas linhas para adaptá-lo à versão em inglês utilizada pelo autor ao preparar o seminário.

do seu ultraje e seu plano de vingança de maneira aberta, sem arrependimento. No entanto, só com um grande esforço poderemos compreender um pouco o que uma deusa, neste caso Afrodite, transmitia à audiência grega ao assinalar seus planos de vingança a sangue frio, sem rodeios e sem hipocrisia. Que uma deusa celestial se expresse como o fez Afrodite no prólogo de *Hipólito*, é algo completamente alheio a nossa maneira de conceber a divindade. Afrodite põe em evidência que o divino pode adoecer e matar as pessoas.

Nestas primeiras linhas Eurípides assinalou quais são os dois arquétipos em conflito que personificam duas deusas: Afrodite e Ártemis, assim como a história do personagem central do drama. Hipólito vive com uma única finalidade, numa unilateralidade que não admite conflito. Sua vida virginal está tão polarizada pelo artemísico que Afrodite, o polo oposto de Ártemis, aparece só para compensar sua extrema parcialidade com destruição e morte, pelo necessário jogo dos opostos.

Toynbee disse que, em todos os casos, o mito começa com um perfeito estado de *Yin*, porém mais adiante, "quando o *Yin* está repleto, está pronto para passar ao *Yang*" (TOYNBEE, 1946: 62). E, mais adiante, assinala: "Em *Hipólito* o papel de Deus está com Ártemis e o do diabo com Afrodite. Ártemis não pode aceitar o combate, pois está vencida de antemão. A relação entre os Olímpicos é anárquica, e no epílogo Ártemis se consola pensando que um desses dias desempenhará o papel do diabo às custas de Afrodite" (TOYNBEE, 1946: 64). Quase no final da obra, na linha 1.328, Ártemis diz: "Assim é a lei entre os deuses: nenhum quer opor-se ao desejo da vontade do outro, mas sempre cedemos" (*Hipólito*, v. 1.328-1.331).

A parcialidade de Hipólito, que a psicologia junguiana denomina personalidade unilateral, tem sido vista desde a perspectiva do ego: o eu de Hipólito vive unilateralmente e rechaça tudo o que está fora de si. Mas desde minha perspectiva, a unilateralidade, a extrema polarização, sua identificação com Ártemis, fazem parte de sua natureza e de sua história. E isso é algo muito diferente, pois vemos que em Hipólito existem duas forças arquetípicas em conflito. A palavra ego é totalmente irrelevante neste caso.

Hipólito vive de maneira simples e única num envaidecer inocente da vida artemísica, a tal extremo que exclui completamente o arquétipo oposto. A inflação de Hipólito se deduz do que Afrodite nos diz dele: "Pelos verdes bosques, sempre com Ártemis [...] havendo encontrado uma companhia incomum aos mortais" (*Hipólito*, v. 18-19). A chamada inflação aparece quando o eu se identifica com uma componente do inconsciente coletivo, com uma deusa, nesse caso Ártemis. Para Hipólito basta ter Ártemis como companheira; viver no mundo dos homens e ter relações com pessoas diferentes não é importante. E diria que isto em si mesmo – a vida parcial, a vida unilateral – indica um prognóstico negativo para Hipólito. Uma das premissas básicas da psicologia de Jung é o estudo da unilateralidade. Esta pode ser vista em Hipólito, que parece ter uma representação unilateral idealizada de si mesmo, sinal de evidente irrealidade.

Eurípides nos revela seu gênio como criador de imagens na maneira em que vai esculpindo a figura de Hipólito através da fala de Afrodite: "Na ocasião deixou a venerável mansão de Piteu para participar na iniciação dos mistérios [...]" (*Hipólito*, v. 24-25). Nesse momento Fedra, a esposa de Teseu, pai de Hipólito, adoece de amor possuída de desejo por Hipólito, transmitido por Afrodite.

Um jovem alcançava esta iniciação entre a adolescência e a primeira idade viril, a idade de Hipólito dois anos antes da ação da tragédia. Mas pouco a pouco nos interamos de que a atitude de Hipólito não é nova nem é transitória, no sentido de que o elemento predominante em alguém – no momento ou durante anos –

possa ser o virginal, enquanto que, em outros momentos, o carnal de Afrodite ou a vida sexual pode adquirir relevância e converter-se no fator primordial. Assim, isso poderia ser visto desde a condição heraclitiana do fluir dos opostos. Mas neste ponto do prólogo da tragédia é evidente que Hipólito –apesar de sua iniciação, que poderia tê-lo aproximado de outros arquétipos e de uma religiosidade diferente, mais de acordo com sua idade – permanece atolado em sua filiação artemísica. Provavelmente Hipólito só mimetizou os ritos de iniciação e sua alma permaneceu virginal.

Afrodite diz também em sua fala o que acontece nesse momento na vida de Teseu, pai de Hipólito e marido de Fedra. Vive um ano de exílio em Tresena, com sua esposa Fedra, sob um derramamento de sangue por assuntos políticos em Atenas. Quando começa a peça Teseu está longe de Tresena, consultando um oráculo sobre seu futuro.

Este é basicamente o conteúdo do prólogo de Afrodite e até aqui meu comentário a respeito. Antes de sair de cena, a própria deusa anuncia a chegada de Hipólito com seus companheiros de caça. Ao mesmo tempo, entra em cena um velho servente.

A entrada de Hipólito, cantando para Ártemis em coro com seus amigos, seguramente foi uma cena extraordinária do teatro grego e é outra demonstração de como os gregos rendiam culto a seus deuses e deusas. Não conhecemos a música nem a expressão dos corpos, mas a cena e sua imagética deve ter tido um grande colorido. Hipólito enaltece Ártemis, uma deusa virgem muito importante, cujos contornos representam uma das sete forças básicas[9] da vida: a força virginal da natureza humana:

---

9. As outras são deuses que dão nome aos astros mais próximos: Apolo (o Sol), Hermes (Mercúrio), Afrodite (Vênus), Ares (Marte), Zeus (Júpiter) e Cronos (Saturno).

> Segui-me,
> Segui-me cantando à celestial filha de Zeus,
> Ártemis, nossa donzela protetora
> (*Hipólito*, v. 59-60).

Reconhecemos aqui as origens dos hinos marianos que formam parte da iniciação católica aos nove anos. Mas Hipólito e seus amigos não são meninos que estão na etapa antes da puberdade, e sim mais próximos aos dezoito ou vinte anos. A imagem me parece relevante, porque o encontro de jovens caçadores adorando Ártemis significa que estes permanecem leais à sua iniciação dos nove anos e não se moveram para iniciações próprias da adolescência ou da idade viril, que se relacionam com Afrodite.

Depois do hino coral, Hipólito recita uma oração a Ártemis, uma bela peça plena de retórica virginal. Tanto no conteúdo do hino quanto na prece sentimos a expressão de um tipo de pureza, uma atitude puritana, que acaba sendo o aspecto dominante do virginal.

> A ti, oh deusa, trago-te, depois de haver te adornado, esta coroa trançada com flores de um prado virgem [...] onde o rio da Castidade corre incessante regando as flores. A deusa do Pudor [as] cultiva com o orvalho dos rios. Vamos, querida soberana, aceite este diadema para teu áureo cabelo oferecido por minha mão piedosa. Sou o único dos mortais que tem o privilégio de reunir-se contigo e trocar palavras, ouvindo tua voz mesmo que não veja teu rosto. Oxalá que os últimos dias de minha vida sejam iguais a estes primeiros! (*Hipólito*, v. 72-88).

As flores que Hipólito oferece a Ártemis foram recolhidas num campo intocado pelo homem. Isto é um exemplo de uma alma que expressa a si mesma imaginando uma paisagem virginal.

Na leitura dessas falas de Hipólito, sinto a importância de uma psicologia que participa de uma maneira muito forte em nossa vida diária: o puritanismo. Um puritano sectário considera a si mesmo bem-aventurado, e quem não pertença à seita não o será. Os que não pertencem à seita são impuros, malvados. E, mesmo que não saibamos, esta psicologia sempre nos concerne de alguma forma; estamos numa constante fricção com o sectarismo, que aqui se manifesta de maneira extrema. Mesmo quando não pertencemos a nenhuma seita religiosa e não falamos de coisas semelhantes com aquiescência, temos que nos perguntar do sectarismo em nossa vida diária. Pois temos que ser muito perspicazes para detectarmos o sectarismo, e a retórica sectária ajuda a percebê-lo. O hino e a prece são modelos excelentes desta retórica. Quando Hipólito diz: "Sou o único dos mortais que tem o privilégio de reunir-se contigo e trocar palavras, ouvindo tua voz, mesmo que não veja teu rosto", sua inflação e seu puritanismo se apresentam juntos[10]. E com suas palavras: "Oxalá que os últimos dias de minha vida sejam iguais aos primeiros!", deixa claro uma personalidade para a qual o movimento da psique não conta.

Após a prece, o velho servo que esteve ouvindo aconselha Hipólito. Para mim este velho servo tem componentes herméticos. É capaz de ver imediatamente a unilateralidade de Hipólito e trata de corrigi-la. Ele diz: "Aceitarias de mim um conselho?" E tenta persuadi-lo para que reconheça o lado oposto rechaçado (Afrodite) e brutalmente reprimido: "Por que não invocas tu uma deusa venerável? [...] Esta junto a tua porta, Afrodite. Ela é venerada e ilustre entre os mortais". Mas seus esforços falham. Hipólito reafirma sua pureza e contesta: "Desde longe a saúdo, pois sou cas-

---

10. Cf. a respeito "La psicologia del sectarismo en tempo de ansiedad". In: López-Pedraza, 2000b: 139-158.

to" (*Hipólito*, v. 89-102). Para terminar com um gesto altaneiro e irônico dirigido à deusa, a cena com o servo amplia o retrato da unilateralidade de Hipólito que vem se desenvolvendo. Mostra sua absoluta repugnância ao oposto da deusa a que rende culto.

Sem dúvida, Eurípides soube ver nas complexidades arquetípicas dos deuses gregos, em suas maiores repressões, o que hoje poderíamos chamar de patologia por causa da repressão. E isto é evidente não só em *Hipólito*. *As bacantes* apresentam com grande maestria a vingança de Dioniso, que castiga Penteu por não lhe oferecer libações e depreciá-lo.

*Hipólito* é uma obra com uma retórica exata da castidade virginal. E é importante, já que desenvolve a imaginária de Hipólito como filho favorito de Ártemis. Nela podemos ver como a castidade levada ao extremo se converte em ódio e rechaço da mulher. Podemos ver Hipólito como um misógino. Em uma de suas falas – depois de falar com a ama de Fedra, que como uma Celestina conta-lhe do amor de Fedra por ele – Eurípides desenha esta característica de Hipólito: sua estranha atitude de rechaço em relação ao sexo oposto. Eurípides cria uma imagem clássica desta característica:

Zeus, por que colocaste à luz do sol, para os homens, esse metal de falsa lei, as mulheres? Se desejavas propagar a raça humana, não devias ter recorrido às mulheres para isso, mas os mortais, depositando nos templos oferendas de ouro, ferro ou bronze, deviam comprar a semente dos filhos, cada um proporcionalmente à sua oferenda e viver em casas livres de mulheres. Eis aqui a evidência de que a mulher é um grande mal: o pai que a gerou e criou lhe dá um dote ao introduzi-la em outra casa para libertar-se de um mal. No entanto, aquele que recebe em sua casa esse funesto fruto, sente alegria em adornar com belos ornamentos a estátua e se esforça para cobri-la de roupas, o infeliz, consumindo os bens de sua casa. Melhor para aquele que coloca em sua casa uma mulher que é insignificante, mas que é inofensiva por causa de sua simplicidade. Odeio a mulher inteligente: que nunca tenha em minha casa uma mulher mais inteligente do que é necessário! Pois nelas Cipris prefere infundir a maldade; a mulher de curtos alcances, pelo contrário, devido a sua própria limitação, é preservada do desejo insensato. De uma mulher nunca deveria se aproximar uma serva; feras que mordem, mas que não podem falar, deveriam morar com elas, para que não tivessem ocasião de falar com ninguém, nem receber resposta alguma. Mas a realidade é que as malvadas tramam dentro da casa projetos perversos, e as servas levam-nos para fora (*Hipólito*, v. 616-651).

Este é um discurso de especial interesse, porque no conflito entre Afrodite e Ártemis é evidente que o filho de Ártemis não se satisfaz em ser casto, como poderíamos esperar. Por exemplo, alguém pode ser casto sem ser afetado pelo modo de ser dos demais, mas parece que a castidade raras vezes é tão simples. Quando Hipólito aparece pela primeira vez no começo da obra, no diálogo com o velho servo, expressa seu brutal rechaço a Afrodite, mas agora vemos seu rechaço e seu ódio em relação à mulher como um todo. Arrisco-me a dizer que Eurípides deve ter sentido em si mesmo o artemísico, deve ter sentido profundamente o conflito entre Ártemis e Afrodite como qualquer grego culto; este conflito fez parte de sua tradição. A tragédia grega mais antiga que conhecemos, *As danaides* de Ésquilo, centra-se também na oposição entre Afrodite e Ártemis. É de se supor que Eurípides conheceu pessoas cuja maneira de ser e cuja expressão se aproximava das de Hipólito; que usou estas características para criar uma imagem muito precisa, com uma retórica extraordinariamente aguda de uma personalidade casta que rechaça a mulher.

É importante não nos confundir em nossa leitura de Eurípides: o que temos diante de nós não é torpe, mas arquetipicamente correto. É a retórica artemísica no homem. As características da castidade de Hipólito presentes há vinte e cinco séculos continuam presentes ainda hoje. Mais de uma vez conheci pessoas cuja maneira de falar é muito similar ao legado que Eurípides nos deixou com as falas de Hipólito. No entanto, como vimos antes, se a castidade fosse apenas castidade não haveria problema. O problema é que onde há castidade em excesso, como neste caso, esta tende a querer suprimir seu oposto, chegando assim até ao grotesco ou demencial.

Mas, para se expressar como faz Hipólito, não é necessário estar numa situação similar. Homens cujas circunstâncias vitais são muito diferentes falam sobre as mulheres de uma maneira quase idêntica. Há uma infinita variedade de retórica misógina oculta; concepções misóginas entrelaçadas nas conversas que escutamos todo dia que, com sorte, é possível detectar. Mas não se pode refletir sobre a fala de Hipólito apenas desde o lado masculino porque, com uma pequena variação, esta retórica artemísica poderia ser reconhecida no discurso de uma mulher furiosa com os homens. É um discurso coletivo e inconsciente. Quando Hipólito maldisse as mulheres, temos que reconhecer que usa uma linguagem coletiva, sinal de um estado muito inconsciente. E também quando a mulher maldiz aos homens de maneira indiferenciada ela o faz desde o inconsciente.

Ao ler as falas de Hipólito, ou ao ouvir um homem ou uma mulher expressando sua raiva contra o sexo oposto, temos uma sensação de confusão. De um lado sente-se a tristeza e *pathos* deste discurso; de outro, o absurdo. Mas, apesar do absurdo, não se trata de nada fora do comum dentro dos limites estritos do modelo arquetípico que nos interessa.

E isso não é tudo o que a fala de Hipólito nos deixa ver. Temos que aceitar que os componentes de seu discurso estão muitas vezes em nossa própria imaginária interior, nos solilóquios nos quais passamos grande parte de nossas vidas. Eurípides nos aproxima do que hoje chamamos de fantasias ou *feelings* negativos, usualmente reprimidos. Pois sabemos que em todo tipo de relação e, sobretudo, na relação homem/mulher, deve existir um *balance* entre o sentir (*feeling*) positivo e o negativo; e o sentir negativo, quando é inconsciente, costuma ser projetado no outro através deste tipo de retórica. Parece-me, falando de uma maneira conservadora, que grande número de divórcios hoje em dia se deve a uma má compreensão dos componentes básicos (positivos e negativos) do *feeling* ou da incapacidade de aceitar a manifestação do virginal no casal. Pois, ao carecer de uma psique capaz de aprender dos componentes virginais, estes não são reconhecidos e se exacerbam, provocando rechaço. Assim, não existe complemento no jogo dos opostos na vida do casal. Então, no casal não se dá esse ritmo de união e separação – assinalado por Jung desde o ponto de vista da alquimia em *Misterium Coniuntionis* (JUNG, CW 14) e marcado na religião grega pelas polaridades de Afrodite e Ártemis (o carnal e o virginal) – e a relação se torna destrutiva.

Numa cena posterior começa a aparecer o que é central na tragédia. Refiro-me à entrada de Teseu, envaidecendo-se do resultado positivo de sua consulta ao oráculo, quando a realidade que se encontra é que sua mulher Fedra não pôde suportar o que se tem chamado o *aidòs* de Fedra (o conflito insuperável entre a possessão sexual por Afrodite e seus complexos moralizadores, provocados ao extremo pela intervenção da ama) e se suicidou enforcando-se.

Teseu entra em cena acompanhado de sua guarda real, com a cabeça coroada pela guirlanda que usam aqueles que obtiveram uma resposta favorável do oráculo. Sua figura, tal como foi concebida por Eurípides, não se distancia muito do político latino-americano: está envolvido em desordens políticas, em derramamentos de sangue e provavelmente em corrupções, mas tais coisas não o preocupam muito, sendo possível que esta seja a visão de Eurípides sobre alguns aspectos da democracia ateniense do tempo em que viveu. Esta entrada ostentosa de Teseu retrata o componente histriônico histérico de sua personalidade. Sob um ritual religioso, sua atitude parece muito pomposa. Depois de consultar o oráculo o suplicante deveria estar num estado de introspecção, amadurecendo internamente os conteúdos oraculares. Relaciono a imagem da entrada de Teseu com a psicologia de muitas personalidades histéricas, especialmente quando a ostentação é predominante. De um minuto a outro estas personalidades passam de um estado exaltado de histeria otimista – tudo na vida parece fácil de resolver como se tivesse uma varinha mágica – à tragédia. Assim, quando Teseu pergunta por que não foi recebido com alegria, quando sente que algo estranho acontece em sua casa e é confrontado com a realidade trágica – sua amada esposa se suicidou –, temos uma imagem horripilante. Eurípides move com ironia a imaginação ateniense sobre seu herói fundador e perturba as crenças religiosas sobre o oráculo. Talvez tenha sido este tipo de cena que tornou Eurípides tão impopular entre a audiência ateniense. A chegada de Teseu, cheio de otimismo histérico, seu curto diálogo com o coro que lhe informa sobre o desastre e, finalmente, a realidade de sua esposa morta, é na verdade o destaque: uma representação que mostra um rápido movimento desde uma exaltação histérica maníaca até a tragédia que se expressa nestas palavras de Teseu:

> Oh fortuna, quão pesadamente te arremessaste sobre mim e minha casa, afronta desconhecida de algum gênio vingador! És a ruína de minha vida, já é impossível viver! Contemplo, infeliz de mim, um mar de desgraças, minha esperança de segurança se desvanece, pois não posso vislumbrar o custo, nem tenho forças para franquear as ondas desta desventura! [...] (*Hipólito*, v. 820-825).

Umas poucas palavras relacionam sua chegada com a morte de sua esposa: "minha esperança de segurança se desvanece [...]". Teseu acaba de regressar de um ato religioso, mas este não lhe garantiu a "segurança" que parecia estar buscando e agora foi revelado seu destino trágico. Seu grito "minha esperança de segurança se desvanece" nos dá um retrato claro de sua mentalidade: colocou toda sua esperança de segurança em sua vida como político e em sua esposa Fedra.

Referi-me a Eurípides como um mestre na psicologia dos opostos, e não creio estar perdido quando vejo as palavras de Teseu a partir deste ângulo. Podemos lê-las como polaridades entre as quais se debatia Teseu na hora da morte de Fedra: segurança e insegurança.

Esta mesma esperança de segurança é também evidente e está presente hoje em dia. No geral, aparece como a intenção mais imediata na vida de uma pessoa. As pessoas fazem o possível para alcançar esse sentimento de segurança, como se esta fosse uma panaceia, um fim em si mesmo. Mais ainda, espera-se alcançá-la da maneira mais fácil e rápida possível. O homem moderno é incapaz de refletir sobre a segurança como uma polaridade, um oposto. Temos que nos dar conta de que grande quantidade do jargão psiquiátrico baseia-se nos estados de segurança e insegurança. Um dos diagnósticos mais imediatos é que o paciente sofre de insegurança ou de seu oposto: que o paciente sente-se geralmente seguro, mas é rígido porque, na realidade, teme perder sua segurança. Mas estes dois polos, segurança e insegurança, aparecem de maneira marcante na histeria, que se manifesta ao máximo quando alguém relata os atos mais importantes de sua vida – história, trabalho, matrimônio etc. – em relação aos seus sentimentos de segurança ou insegurança. O componente histérico é muito evidente nesta grotesca maneira de valorizar a vida.

Seguramente Eurípides produziu um *shock* no grego de seu tempo com esta cena de Teseu. Talvez tentava estimular a audiência para refletir sobre a debilidade humana, capaz de confundir um oráculo com a segurança. E isto está em vigência ainda hoje. A imagem de Teseu acabado leva-nos a refletir sobre como a psicologia oracular pode chegar no maior disparate quando aprisiona a fragilidade humana com a esperança de segurança.

Se aceitarmos a projeção sobre o polo da segurança, poderemos ver sua autonomia. Esta se converte no único bem a que se render culto e, por isso, refletir sobre segurança e insegurança é, muitas vezes, a tarefa mais imediata da psicoterapia.

Não quero deixar passar a oportunidade para me referir um pouco à psicologia do oracular que aparece em *Hipólito* e está presente na literatura grega desde Homero. Nas primeiras páginas de *A ilíada*, quando Aquiles reúne os gregos e diz que a guerra e a peste se juntaram para aniquilá-los e sugere: "Por que não consultamos algum adivinho, algum sacerdote ou algum intérprete de sonhos para que nos diga qual é a causa desta crudelíssima fúria de Apolo, já que os sonhos são obra de Zeus?", a resposta é dada pelo adivinho Calcas, "o maior adivinho, que conhecia o passado, o presente e o futuro, inspirado por Apolo".

Evidentemente a psicologia oracular teve grande importância para o grego. Em *Greek Oracles*, H.W. Parker estuda os dois oráculos mais importantes da Grécia: o de Delfos, regido por Apolo, e o de Dodona, mais arcaico e regido por Zeus. Ambos aparecem em *A ilíada*. O oráculo de Dodona acontecia através do murmúrio ou ruído de uma grande árvore mexida pelo vento, sob a qual dormiam seus sacerdotes sobre a terra, sem lavar os pés. Parece-me que estes sacerdotes viviam num constante estado de depressão da consciência (*abaissement du niveau mental*) e profetizavam a partir daí. O oráculo de Delfos acontecia através da Pítia, que se sentava num trípode sagrado e caía em transe. Os sacerdotes interpretavam o que dizia em tal estado.

Sabemos bastante do oráculo de Delfos e do papel que teve ao orientar o grego em tempos difíceis. Como, por exemplo: ordenando a Batalha de Maratón e os projetos colonizadores. Falamos aqui dos tempos do apogeu grego, no século V. Ao que parece, nos tempos de Eurípides o oracular começa a decair, como é sugerido pela alusão ao positivo e negativo do oracular, que mostra a superficialidade a que me referi.

Também sabemos que o oracular já estava em plena decadência no período helenístico e que sua psicologia foi assimilada em grande parte pela Teurgia, que apresenta uma psicologia mais introvertida e hermética. Ou seja, pode-se observar que existe um grande movimento orgânico desde Homero até o apogeu do grego no século V e daqui até o período helenístico.

Ao longo da história o oracular fez sua aparição de distintas maneiras, que inclui a chamada magia e hoje em dia continua presente em múltiplas manifestações. T.S. Eliot, por exemplo, refere-se a isso em seus *Quatro quartetos:*

> Comunicar-se com marcianos,
> dialogar com espíritos,
> descrever a conduta dos monstros marinhos,
> fazer horóscopos,

> ler as entranhas ou bolas de cristal,
> diagnosticar a doença nas assinaturas,
> evocar biografias das linhas da palma da mão,
> tragédias dos dedos; suscitar predições
> mediante sortilégios ou folhas de chá,
> desentranhar o inevitável
> com baralho, jogar com estrelas de cinco pontas
> ou barbitúricos, ou dissecar em medos pré-conscientes
> a imagem recorrente;
> explorar a matriz, o sepulcro, os sonhos;
> são todos passatempos e drogas habituais,
> e material para a prensa;
> e sempre o serão, especialmente alguns
> quando há desastres nacionais e problemas,
> seja nas costas da Ásia ou no caminho de Edgware.
> A indagação do homem
> interroga o passado e o futuro
> e se limita a essa dimensão.
> Mas captar o ponto em que se cruzam
> o intemporal e o tempo
> numa vida inteira de morte por amor,
> mesmo que não seja uma ocupação,
> mas algo que lhe dão e que lhe tiram
> é uma ocupação digna de santo;
> ardor, desprendimento e entrega de si mesmo.
> ("The Dry Salvages", v. 184-205).

Não há dúvida sobre a necessidade do ser humano de buscar orientação para o futuro. Mas na literalização disto corre-se o risco, tal como vê Eliot, de perder-se a conexão com o aqui e agora onde reside a vida emocional.

A psicoterapia está arriscada a cair na psicologia do oracular e o psicoterapeuta pode tornar-se inconsciente disso. Há muitos pacientes que consultam o psicoterapeuta deste modo e demandam uma orientação literal para um futuro que lhes causa ansiedade. O terapeuta que se deixa levar por tais demandas está arriscado a cair no charlatanismo, mas, de qualquer maneira, o oracular pertence às projeções que recebe o psicoterapeuta, e isso faz parte de seu trabalho. Temos que ter presente que na psicoterapia pode aparecer a prognose, uma visão muito diferente que vai se delineando ao longo do processo terapêutico.

Mas onde o oracular se faz mais presente hoje em dia é na Economia. Parece que, diante da incerteza do mundo atual, a Economia se manifesta como um pretexto central tanto para os que buscam a "segurança" pessoal já referida como para as grandes nações, que respaldam com esta seu impulso de desenvolvimento e suas ambições de poder. Nos investimentos econômicos para o futuro é onde o oracular tem hoje suas versões mais frutíferas e também mais desastrosas. Mas vou me referir a isto só de passagem, já que está fora de minhas possibilidades. Meu único interesse foi assinalar a presença atual desta psicologia.

O confronto de Teseu e Hipólito muda completamente a ação que veio se desenvolvendo na tragédia. Hipólito entra em cena inocente do que lhe espera neste encontro com seu pai, que o acusa, tornando-o culpado do suicídio de Fedra. Extraio do diálogo o que considero de interesse. Numa longa fala, Teseu maldiz seu filho, manda-o para o exílio e pede sua morte a Poseidon. Ao praguejá-lo, diz:

> [...] De modo que tu és o homem sem par, o que vive na companhia dos deuses? Tu, o casto e puro de todo mal? Não posso crer que te vanglorias até ao extremo de chamar, insensatamente, aos deuses de ignorantes. Prega e vocifera a bondade de tuas dietas raras! Adota Orfeu como teu senhor e profeta e entrega-te à adoração de suas palavras etéreas (*Hipólito*, v. 948-955).

Quando Teseu diz a Hipólito: "Prega e vocifera a bondade de tuas dietas raras! Adota Orfeu como teu senhor e profeta e entrega-te à adoração de suas palavras etéreas" nos dá uma visão sucinta dos interesses anexos que ocupam sua mente: é um caçador artemísico e se move no âmbito intelectual através da pureza das dietas prescritas pelos órficos. Assim, quando um psicoterapeuta descobre que um paciente segue dietas estranhas, pode pensar que ele deve estar tomado por estas complexidades. Usualmente o paciente está sob a influência de uma dieta que está na moda, ajustada pelas ideias de pureza. A medicina de hoje parece menos capaz de refletir que o assim chamado bem-estar tem mais a ver com certo equilíbrio entre doença e saúde, com um sentido da vida e da cultura, do que com uma dieta especializada. Num viver culto pode-se comer de tudo, em grande ou pouca quantidade, com pleno conhecimento de que a fome é um instinto básico. Uma dieta rara pode ser a expressão de uma séria crise que a pessoa tenta controlar por meio das regras e expectativas da dieta, sem levar em conta que está tentando controlar um instinto cujas anomalias se manifestam num espectro que vai desde a *anorexia nervosa* até a obesidade.

Temos que perceber o interesse das palavras que Eurípides coloca na boca de Teseu, dirigidas ao ateniense do século V. Teseu bem que podia ter dito a seu filho Hipólito: "És como essas pessoas que nos aborrecem com suas teorias sobre alimentação quando, na realidade, aqui em Atenas comemos o que nos é acessível e ainda assim temos uma cultura e um sentido da vida". Ter consciência do corpo em qualquer condição que esteja, mais ainda se estiver doente, é consciência básica. Podemos imaginar que foi a psicologia do sectarismo que produziu a indignação de Eurípides. Sabemos que o grego rechaçou o sectarismo, ou o que na Grécia foi provavelmente seu mais forte representante: o orfismo. Suas linhas parecem conter uma verdadeira compreensão de seu perigo para a preservação do indivíduo como tal. Sinto que Eurípides tratou de preservar o essencialmente grego, mostrando sua indignação.

As respostas de Hipólito às acusações de seu pai mostram que nada existe em sua vida que possa corresponder ao termo técnico junguiano de *sombra*, aprender daquilo que está distante de nós, do que não conhecemos de nossa natureza e história e projetamos inconscientemente. E esta carência de conexão com sua sombra mostra a penosa limitação que circunscreve sua vida.

No começo, Hipólito parecia uma personalidade inflada, mas agora podemos ver sua penosa limitação e sua abrumadora pobreza. Evidenciaram-se as verdadeiras proporções de sua vida, uma vida unidimensional onde a força de reprimir o que está distante é projetada como uma grande sombra da qual é incapaz de aprender.

Sua psicologia da castidade e da virgindade continua se manifestando:

> [...] até os dias de hoje estou puro dos prazeres carnais. Deles não conheço prática nenhuma, salvo por ter ouvido algo deles ou havê-los visto em pintura, mas não ardo de desejos de indagar sobre eles, já que possuo uma alma virgem (*Hipólito*, v. 1.003-1.007).

Gostaria que considerássemos os dois aspectos desta fala. Hipólito diz primeiro que é virgem porque nunca teve uma relação sexual com uma mulher. Mas há também um aspecto interno a considerar porque, de acordo com o que disse, assim como é virgem fisicamente é virgem psiquicamente. Hipólito expressa o lado externo: "estou puro dos desejos carnais", e o interno: "possuo uma alma virgem". Nas outras palavras, diz que sua mente só pode tolerar a representação mental de Ártemis, a virgem.

Gostaria de comentar outros aspectos de *Hipólito* que mostram as profundas preocupações de Eurípides por seu tempo. Teseu dirige a Hipólito estas palavras:

> Oh homens que têm muitos conhecimentos em vão!, para que ensinam inumeráveis ciências e para tudo encontram saídas e tudo descobrem se, em troca, uma só coisa ignoram e não sabem e não perceberam ainda: ensinar o bom-senso aos que não o têm? (*Hipólito*, v. 916-920).

Muitos *scholars* viram nestas linhas uma alusão ao sofismo e podemos ler, dentro da concepção das *teletai*[11], que se refere à instrução individual direta sobre o destino das pessoas e sua relação com os deuses. Os cultos da cidade-estado grega eram grandes festivais nos quais vivia-se a experiência ritual. Seu centro foi o culto da imagem ou dos mistérios, assim chamados porque fazem referência à religiosidade vivida sem necessidade de palavras que a expliquem. De acordo com Ivan Linforth, nem todas as *teletai* são órficas nem sofistas; mas a instrução religiosa órfica era principalmente através da palavra escrita com poemas atribuídos a Orfeu ou a outros poetas órficos. Quando Teseu disse: "para tudo encontram saídas e tudo descobrem", podemos ver como funciona a literatura e a filosofia do sofista, distribuindo instrução instantânea com uma retórica de poder: a poesia guiando de maneira indireta uma instrução religiosa. Indubitavelmente estas *teletai* devem se relacionar com as palavras difusas, vaporosas e elevadas, que antes discutimos. Provavelmente a fala de Teseu refere-se a essas *teletai*, palavras escritas, e à instrução imediata e rápida mediante elas. O fragmento nos diz claramente que para Eurípides o importante era o conhecimento da loucura: "ensinar o bom-senso para aqueles que não o têm". Isto nos conecta com a poesia trágica do próprio Eurípides, que mostra para a loucura a sua reflexão, e para aquilo que nos referimos anteriormente sobre

---

11. Cf. o tema em Linforth, 1941.

a aproximação à sombra. O rechaço de Eurípides ao sofisma é outra mostra de seu zelo em proteger os valores gregos, nesse caso com pleno conhecimento da origem Síria do sofismo.

A fala também pode ser lida como uma imagem que mostra um conflito histórico na raiz da cultura ocidental: o conflito entre religiões vivas, com suas experiências e imagens, e as religiões escritas, que instruem adeptos através das palavras; e, como vimos, estas são de procedência estrangeira. Este conflito que Eurípides viu no século V nos dá uma visão histórica de algo sabido hoje em dia e que teve uma grande importância na formação da mente do homem ocidental e deu à civilização ocidental sua configuração. A religião ocidental é, sobretudo, uma religião da palavra escrita. O produto do encontro entre a palavra escrita na herança grega com a palavra escrita na tradição judaica. E como acabamos de assinalar, a religião que se expressou por meio da palavra escrita deixou sua marca na vida religiosa do homem ocidental. Nossa história da religião é uma constante e sistemática negação do religioso que provém da experiência; e a religião se tornou aquela que impõe suas leis e seu poder através da palavra escrita. Esta tradição distorceu o funcionamento psíquico do homem ocidental, e isto obviamente concerne especialmente à psicoterapia junguiana, a que se interessa pela experiência interior vital das imagens reprimidas pela tradição religiosa e pela instrução acadêmica de conhecimentos psicológicos.

Podemos imaginar então o quanto desagradou Eurípides as pretensões de certas *teletai*, a concepção de que a experiência psíquica da religião pode ser ensinada através da palavra escrita.

Eurípides tem nos permitido refletir sobre a manifestação da experiência religiosa e do conhecimento, algo que sobrevive fortemente em nossos dias, mas Gilbert Murray, um estudioso de Eurípides, nos mostra, numa passagem que cito mais abaixo, a mudança essencial que viveu a cultura ocidental desde o século V a.C. até nossos dias. Desde que Eurípides escreveu suas tragédias até nossos tempos, houve uma grande mudança no interesse do homem. Este se moveu da realidade interna para a externa. Gilbert Murray expressou esta mudança muito bem:

> No fim do século V as pessoas diziam, com Sócrates e a maioria dos sofistas, que estas perguntas sobre a natureza do mundo e das estrelas eram inúteis. Coisas assim são impossíveis de saber; era melhor focarem-se nos problemas práticos e mais fáceis de manejar, por exemplo, a ética, a política ou a natureza da alma. Exatamente o contrário do que diria o homem moderno. Para nós, a ética, a política e a natureza da alma são precisamente as que estabelecem problemas sem respostas, enquanto que as ciências físicas e a astronomia tomaram um enorme corpo com resultados concretos e práticos evidentes.

Murray escreveu isto nas primeiras décadas do século XX. Desde então o conhecimento humano do mundo exterior se desenvolveu e incrementou muito mais, em comparação com o conhecimento da própria realidade interna. O conhecimento da própria realidade definitivamente tem diminuído. É verdade que a maior parte dos estudos psicológicos se desenvolveram no século XX; no entanto, hoje em dia os êxitos nos estudos da realidade interior são muito mais pobres em comparação com os alcançados nos estudos da realidade exterior. Por exemplo, em psicopatologia, desde finais do século XIX tem havido enormes progressos nos estudos da doença mental que hoje encontramos nos livros. Mas estes estudos se ocupam mais da "psicologia" em relação com a adaptação à realidade exterior, e da realidade interior se preservou muito pouco, a maior parte na escola junguiana. Jung foi na realidade o mais valente explorador da psique durante o século XX, no sentido de que foi possivelmente o único cujo campo de exploração foi principalmente sua própria psique. Mas para outros investigadores, cuja atitude foi similar à dos estudos das Ciências Naturais, o campo mais importante tem sido a observação de seus pacientes e a aplicação de suas próprias teorias de cura. Nenhum outro psicólogo escreveu sobre suas experiências interiores como o fez Jung. Tantos anos depois de sua morte temos a impressão de que os progressos na exploração da realidade interior são ainda muito pequenos. Neste sentido, o gênio de Jung foi único. Seus discípulos seguiram seus passos principalmente através da amplificação e do desenvolvimento de algumas facetas da psique descobertas por ele, e muitos se entregando à exegese. Apenas alguns deram passos além, tratando de abrir novos conhecimentos e ampliando a base que Jung nos deixou.

No meio do confronto entre Teseu e Hipólito há uma curta intervenção do coro que quero comentar. Diz o coro: "Não sei como poderia chamar feliz a algum mortal. Até o dia de hoje, Hipólito, eras um grande afortunado, agora tudo mudou" (*Hipólito*, v. 981-982).

Relaciono esta intervenção do coro com as linhas de Toynbee que citei no começo: quando o *Yin* está cheio passa bruscamente ao *Yang*. Hipólito não sente desespero pelo que está sofrendo, até que não se rende diante do brutal ataque de seu pai. Hipólito responde: "Partiste-me o coração e é tempo de chorar, se meu pai pensa que na verdade sou um malvado" (*Hipólito*, v. 1.070-1.071). Ao longo da fala Hipólito revive recordações de sua história, de sua infância, que participam de seu destino: "Oh mãe desventurada, oh amargo nascimento! Que nenhum de meus amigos seja um bastardo!" (*Hipólito*, v. 1.082-1.083). É então quando Teseu o expulsa para o exílio.

Para os gregos o exílio foi o maior castigo; para Hipólito, em particular, um castigo pior que a morte, pois foi condenado por um ultraje que não cometeu. Sua fala antes de partir, composta pelo poeta cujos últimos anos transcorreram num desterro voluntário, é profundamente comovedora e nos aproxima do exílio psíquico que todos levamos dentro:

> Desgraçado seja! Conheço a verdade e não sei como revelá-la! (Dirigindo-se à estátua de Ártemis) Oh a mais querida para mim das divindades, filha de Leto, companheira de minha existência e de minhas caçadas, sou desterrado da ilustre Atenas! Adeus, cidade e terra de Erecteu! Oh solo de Tresena, quantas alegrias proporcionas à juventude, adeus! É a última vez que te vejo e que te dirijo minhas palavras. (Para seus companheiros) Vamos, jovens companheiros desta terra, deem-me seu adeus e acompanhem-me fora do país! Nunca verão um homem mais virtuoso, mesmo que meu pai não o creia! (*Hipólito*, v. 1.090-1.102).

No curso dessas reflexões sobre *Hipólito* tratei de mostrar a completa religiosidade de Eurípides, o vai e vem de sua alma entre o racional e o irracional. Eurípides é um imagineiro que com um cuidado racional modela sua imagem, mas isto o apresenta com uma imaginária irracional que nos paralisa e sobre a qual nada podemos especular. Sua irracionalidade não deixa margem para a especulação; é simplesmente abrumadora. E aqui me refiro outra vez à alma que vive no corpo como em sua própria casa. Foi uma alma que se sentiu confortável nesse vai e vem entre o racional e o irracional e não polarizou estes aspectos nem se identificou com eles. Uma alma que soube viver as imagens irracionais. Capaz de sentir os repentinos ataques da mais devastadora irracionalidade sem que isto o movesse para fora de sua casa: o corpo.

O anterior pertence às minhas reflexões sobre a psicologia de Eurípides, cujo ponto de partida é a controvérsia entre os estudiosos da era vitoriana dos finais do século XIX, que viram no trágico apenas o lado racional, e os da metade do século XX, que para Eurípides fazem parte do irracionalismo grego (depois de duas guerras mundiais se requeria aprofundar no estudo do irracional). Hoje em dia minha concepção, um tanto audaz, é que Eurípides é um modelo de união entre o racional e o irracional, ou, talvez, aceitando minha projeção e vendo um pouco mais além: que em Eurípides, como veremos, razão arquetípica e loucura funcionam em uníssono, tal como é mostrado pela catástrofe de Hipólito, na qual a loucura está representada pelo touro.

Uma das cenas mais comoventes do teatro de todos os tempos é a despedida de Hipólito de seus amigos e sua morte, narradas a Teseu por um mensageiro:

> Teseu, a notícia que te trago é digna de preocupação para ti e para os cidadãos que habitam a cidade de Atenas e os confins da terra de Tresena [...]. Hipólito já não existe, por assim dizer. Ainda vê a luz, mas sua vida está pendente por um fio (*Hipólito*, v. 1.157-1.167).

E depois de uma curta intervenção de Teseu, conta o sucedido:

> Nós, junto à costa, abrigo das ondas, penteávamos com almofaças as crinas dos cavalos, entre soluços, pois alguém veio trazendo a notícia de que Hipólito já não poria mais o pé nesta terra, castigado por ti a um doloroso desterro. E ele mesmo chegou à margem, acompanhando com seu canto de lágrimas o nosso. Inumerável companhia de jovens de sua idade o seguia. Por fim, pouco depois, cessando seus soluços, disse: "Para que continuar meus lamentos? Tenho que obedecer às palavras de meu pai. Prendam no meu carro os cavalos, esta cidade já não é minha".

> [...] tomando em suas mãos o aguilhão, fustigou os cavalos com um só golpe e nós [...] seguíamos a nosso se-

nhor pelo caminho que conduz a Argos e Epidauro [...] chegávamos a uma paragem deserta, onde [...] uma costa escarpada se estende até o Golfo Sarônico. Dali surgiu um ruído da terra, qual raio de Zeus, profundo bramido, espantoso de ouvir. Os cavalos levantaram suas cabeças e suas orelhas para o céu e um forte temor se apoderou de nós ao procurar de onde procedia o ruído. E olhando para as costas chicoteadas pelo mar, vimos uma onda enorme que se levantava até o céu, até o ponto de impedir meus olhos de ver as costas de Círon, e ocultava o istmo e a rocha de Asclépio. Depois, inchando e fazendo borbulhar à sua volta uma espuma espessa, chega à margem onde estava a quadriga. E no momento de romper com o estrondo, a onda vomitou um touro, monstro selvagem. E toda a terra, ao encher-se com seu mugido, respondia com um eco tremendo. Para aqueles que viam, a aparição resultava insuportável de olhar. Um medo terrível se abate sobre os cavalos. Nosso amo, conhecedor da maneira como os cavalos se comportam, agarra as rédeas com ambas as mãos e puxa-as como um marinheiro faz com o remo, deixando seu corpo pender para trás agarrado às correias. E as éguas, mordendo com suas mandíbulas o freio forjado a fogo, lançam-se com ímpeto, sem se preocuparem com a mão do piloto, nem com as rédeas, nem com o carro bem ajustado. E assim, dirigindo o timão até o solo, conseguia guiar os cavalos, o touro se colocava diante deles fazendo-os dar a volta, enlouquecendo a quadriga de temor. Mas, apavoradas em seu ânimo, lançavam-se em direção às rochas, aproximando-se do parapeito do carro, até que o fez perder o equilíbrio e tombou, lançando as rodas do carro contra uma rocha. Tudo era um monte confuso: os cubos das rodas e as cavilhas dos eixos saltavam no ar, e ele próprio, o infeliz, entrelaçado nas rédeas, é arrastado, preso a uma corrente inextricável, golpeando sua própria cabeça contra as rochas e dilacerando sua carne, entre gritos horríveis de escutar: "Detenham-se, éguas criadas em minha manjedoura, não me tirem a vida! Oh infeliz maldição de meu pai! Quem quer vir salvar este homem perfeito?" (*Hipólito*, v. 1.173-1.242).

O mensageiro pergunta a Teseu se quer que tragam seu filho para que morra em Tresena, e Teseu, desesperado, assim o pede. Ártemis aparece então detrás de sua estátua, no alto do palácio, e, dirigindo-se a Teseu, que roga aos gritos morrer, explica-lhe o que aconteceu:

> Cometeste uma ação terrível, mas, no entanto, ainda podes alcançar o perdão dela. Afrodite foi quem quis que isso acontecesse, para saciar sua ira. Assim é a lei entre os deuses: ninguém quer se opor ao desejo da vontade do outro, mas sempre cedemos. Tenha em conta o seguinte: se não tivesse sido por temor a Zeus, eu não teria caído na vergonha de deixar morrer um homem que, de todos os mortais, professava mais afeto (*Hipólito*, v. 1.325-1.334).

Então aparece Hipólito coberto de sangue nos braços de seus companheiros:

> Infeliz de mim! Arruinou-me o poder de Poseidon e a maldição de um pai injusto! Estou morto, infeliz, ai de mim! As dores transpassam minha cabeça, a convulsão se lança sobre meu cérebro! Para, desejo descansar meu corpo destroçado (*Hipólito*, v. 1.348-1.359).

Neste momento Ártemis revela quem é a deusa que idealizou sua morte e enganou Teseu: "A malvada Afrodite assim o tramou" (*Hipólito*, v. 1.400).

A partir de uma perspectiva psicológica, para mim estas linhas são de grande importância e mostram o profundo conhecimento de Eurípides sobre a natureza humana. Sucintamente, referem-se a um deus que trama nossa morte. Mas num plano mais próprio de nosso trabalho, como podemos aprender na trama de *Hipólito*, isto é algo muito intrincado e complexo.

O grande ensinamento da tragédia grega é que ela coloca os deuses em cena. No começo de *Hipólito*, Afrodite conta suas intenções de vingança e sua sede de destruição. No final da obra Ártemis nos ensina os limites arquetípicos nos quais se movem cada deus. Isto nos dá uma lição muito difícil sobre a doença e a morte, acerca dos limites de cada arquétipo e, claro, acerca das limitações daquilo que apadrinha nossa natureza psíquica.

# Referências

ANTHONY, M. (1990). *The Valkyries*. Dorset, England: Element Books.

CALÍMACO (1921). "Hymm to Artemis". *Hymns, Epigrams; Phaenomena; Alexandra*. Cambridge, Mass.: Harvard University Press.

DODDS, E.R. (1975). *Paganos y cristianos en una época de angustia* – Algunos aspectos de la experiencia religiosa desde Marco Aurelio a Constantino. Madri: Cristiandad.

_____ (1973). *The Ancient Concept of Progress*. Oxford: Clarendon Press.

ELIOT, T.S. (1981). *Cuatro cuartetos*. Buenos Aires: Ed. de 80 [Edição bilíngue].

EURÍPIDES (1977). "Hipólito". *Tragédias*. Vol. I. Madri: Gredos [Biblioteca Clássica Gredos, 4 – Introdução, tradução e notas de Alberto Medina G. e Juan Antonio López].

GARCIA BACCA, J.D. (1980). "Clave hermenêutica". *Platão – Obras completas*. Vol. I. Caracas: Presidência da República/Universidade Central de Venezuela [Tradução, prólogo e clave hermenêutica de J.D. Garcia Bacca].

GOMBRICH, E.H. (2002). *The Preference for the Primitive*. Londres/Nova York: Phaidon.

HOMERO (2000). *A odisseia*. Madri: Cátedra.

JUNG, C.G. (1953-). *Collected Works*. Vols. 1-20 (CW 1-20). Princeton/Londres: Princeton University Press/Routledge & Kegan Paul. [Org. por H. Read et al.].

KERÉNYI, K. (1999). *Los dioses de los griegos*. Caracas: Monte Ávila Latinoamericana.

_____ (1980). "A Mithologiccal Image of Girlhood: Artemis". *Facting the Gods*. Dallas: Spring.

KLIBANSKY, R.; PANOFSKY, E. & SAXI, F. (1964). *Saturn and Melancholy* – Studies in the History of Natural Philosophy, Religion, and Art. Londres: Thomas Nelson and Sons.

LINFORTH, I.M. (1941). *The Arts of Orpheus*. Berkeley/Los Angeles: University of Califórnia Press [Reimp. em 1973. Nova York: Arno Press].

LÓPEZ-PEDRAZA, R. (2003). *De Eros y Psique*. Caracas: Festina Lente.

_____ (2002). *Sobre héroes y poetas*. Caracas: Festina Lente.

_____ (2001). *Hermes e seus filhos*. São Paulo: Paulus.

_____ (2000a). *Dioniso no exílio*. São Paulo: Paulus.

_____ (2000b). *Ansiedade cultural*. São Paulo: Paulus.

MICKLEM, N. (1996). *The Nature of Hysteria*. Londres: Routledge.

_____ (1979). *The intolerable Image* – The Mythic Background of Psychosis. Dallas: Spring.

MURRAY, G. (1921). *The Legacy of Greece*. Oxford: Clarendon Press.

NILSSON, M.P. (1986). *Historia de la religión grega*. Buenos Aires: Eudeba.

ORTEGA Y GASSET, J. (1986). *Sobre la caza y los toros*. Madri: El Arquero/Revista de Occidente.

OTTO, W.F. (1954). *The Homeric gods*: The Spiritual Significance of Greek Religion. Londres: Thames and Hudson.

OVÍDIO (1995). *Metamorfosis*. Madri: Cátedra [Org. e trad. de C. Álvarez e R.M. Iglesias].

PARKER, H.W. (1967). *Greek Oracles*. Londres: Hutchinson University Library.

PLATÃO (1980). *Platão* – Obras completas. Vol. I. Caracas: Presidência da República/Universidade Central de Venezuela [Tradução, prólogo e clave hermenêutica de J.D. Garcia Bacca].

ROSENMAYER, T. (1982). *The Art of Aeschylus*. Berkeley: University of California Press.

TOYNBEE, A. (1946). *A Study of History*. Oxford: Oxford University Press.

WIND, E. (1960). *Pagan Mysteries in the Renaissance*. Harmondsworth: Penguin Books.

WITTKOWER, R. & WITTKOWER, M. (1963). *Born under Saturn*: The Character and Conduct of Artists. Londres: Weidenfeld & Nicolson.

ZIEGLER, A. (1985). *Arquetipal Medicine*. Dallas: Spring.

## CULTURAL

Administração – Antropologia – Biografias
Comunicação – Dinâmicas e Jogos
Ecologia e Meio Ambiente – Educação e Pedagogia
Filosofia – História – Letras e Literatura
Obras de referência – Política – Psicologia
Saúde e Nutrição – Serviço Social e Trabalho
Sociologia

## CATEQUÉTICO PASTORAL

Catequese – Pastoral
Ensino religioso

## REVISTAS

Concilium – Estudos Bíblicos
Grande Sinal
REB – SEDOC

## TEOLÓGICO ESPIRITUAL

Biografias – Devocionários – Espiritualidade e Mística
Espiritualidade Mariana – Franciscanismo
Autoconhecimento – Liturgia – Obras de referência
Sagrada Escritura e Livros Apócrifos – Teologia

## PRODUTOS SAZONAIS

Folhinha do Sagrado Coração de Jesus
Calendário de Mesa do Sagrado Coração de Jesus
Folhinha do Sagrado Coração de Jesus (Livro de Bolso)
Agenda do Sagrado Coração de Jesus
Almanaque Santo Antônio – Agendinha
Diário Vozes – Meditações para o dia a dia
Guia do Dizimista – Guia Litúrgico

## VOZES NOBILIS

Uma linha editorial especial, com importantes autores, alto valor agregado e qualidade superior.

## VOZES DE BOLSO

Obras clássicas de Ciências Humanas em formato de bolso.

CADASTRE-SE
www.vozes.com.br

**EDITORA VOZES LTDA.**
Rua Frei Luís, 100 – Centro – Cep 25689-900 – Petrópolis, RJ – Tel.: (24) 2233-9000 – Fax: (24) 2231-4676
E-mail: vendas@vozes.com.br

UNIDADES NO BRASIL: Aparecida, SP – Belo Horizonte, MG – Boa Vista, RR – Brasília, DF – Campinas, SP
Campos dos Goytacazes, RJ – Cuiabá, MT – Curitiba, PR – Florianópolis, SC – Fortaleza, CE – Goiânia, GO
Juiz de Fora, MG – Londrina, PR – Manaus, AM – Natal, RN – Petrópolis, RJ – Porto Alegre, RS – Recife, PE
Rio de Janeiro, RJ – Salvador, BA – São Luís, MA – São Paulo, SP
UNIDADE NO EXTERIOR: Lisboa – Portugal